基础外语教育理论与实践丛书

外语教材编写与教师专业发展之路
—— 上外版普通高中教科书
《英语》编者访谈录

束定芳　司　露　主编

W 上海外语教育出版社
外教社 SHANGHAI FOREIGN LANGUAGE EDUCATION PRESS

图书在版编目（CIP）数据

外语教材编写与教师专业发展之路：上外版普通高中教科书《英语》编者访谈录 / 束定芳，司露主编. -- 上海：上海外语教育出版社，2023

（基础外语教育理论与实践丛书）

ISBN 978-7-5446-7410-2

Ⅰ.①外… Ⅱ.①束… ②司… Ⅲ.①英语—教师—访问记—中国—现代 Ⅳ.①K825.46

中国版本图书馆CIP数据核字（2022）第251362号

出版发行：上海外语教育出版社
　　　　　　（上海外国语大学内）　邮编：200083
电　　话： 021-65425300（总机）
电子邮箱： bookinfo@sflep.com.cn
网　　址： http://www.sflep.com
责任编辑： 廖红雁

印　　刷： 上海昌鑫龙印务有限公司
开　　本： 890×1240　1/32　印张 6.75　字数 204 千字
版　　次： 2023 年 4 月第 1 版　2023 年 4 月第 1 次印刷

书　　号： ISBN 978-7-5446-7410-2
定　　价： 30.00 元

本版图书如有印装质量问题，可向本社调换
质量服务热线：4008-213-263　电子邮箱：editorial@sflep.com

编者的话

2018年1月，《普通高中英语课程标准（2017年版）》正式颁布。2018年6月，受上海市教育委员会委托，上海外国语大学上海市英语教育教学研究基地（下称"英语基地"）承担了普通高中英语教材的编写工作。英语基地邀请了一批国内外高校外语教学研究者、具有丰富课堂教学教研经验的一线骨干教师和教研员参与编写工作。在大家的共同努力下，2020年7月，上外版普通高中教科书《英语》（下称"上外版《高中英语》"）通过教育部组织的专家审核，被列入"全国高中英语教材推荐目录"。

上外版《高中英语》的编写工作历时两年，时间紧，任务重。好在"天时、地利、人和"。有政府全力支持，各方通力协作。教材凝聚了各方的心血和努力，是集体智慧的结晶。教材编写组全体成员不但"特别能战斗"，而且共同的目标和使命使大家形成了一个"命运共同体"和"学习共同体"。大家同甘共苦、互相学习、互相激励、团结合作。教材编写促进了所有参与者的专业发展，也为上海市基础外语教育培养了一批具有理论和实践基础的优秀骨干教师。

长期以来，外语教材编写理论研究一直是外语教学研究中的薄弱环节，更缺乏对教材编写和教师发展之间关系的关注。为了更好地研究和理解外语教材与参编者专业发展之间的关系，为教师教育和教师在职培训，以及今后的教材编写等提供相关的理论和实践方面的启示，我们从参加上外版《高中英语》的70多位编写者中选择了20多位代表进行了访谈。

访谈围绕编写过程、承担任务、个人收获和感悟、未来教材编写建议等方面展开，由英语基地博士生司露、吕辰明、陈颖莹和武丹丹等通过线上和线下的方式进行。参与访谈的包括主编、副主编，学生用书、教学参考资料和练习部分的负责人、分册主编、编者及主要编辑人员等。访谈过程中，访谈者与被访谈者一起回顾、梳理了上外版《高中英语》教材编写的各个环节，还原了受访者在这个过程中的学习、交流、感悟和收获，并聚焦教材编写对教师发展的影响，为研究者提供一手的研究资料，丰富外语教材编写和教师发展理论。

通过调研，我们发现所有教材编写参与者在理论水平、知识技能、实践能力、沟通合作、意志品格、职业发展等方面均取得了不同程度的收获。最大的收获集中在对教材的定位和功能、新课标的理解的提升，以及教学理念的更新上。此外，几乎所有一线教学研究人员对"教材编写作为教师发展的有效方式之一"这一观点都表示赞同。他们还从教材使用的角度出发，为在一线教学和教师培训中利用教材促进教师发展提出了有价值的建议。

本书汇集了对24位参与教材编写工作的各方代表的深度访谈转写素材。可供广大教材研究者、外语教学研究者、教师、教材政策制定者、教学管理人员参考借鉴，为探索中国特色教材编写理论、推动中国基础外语教育研究提供有益的信息与启发。

编者
2022 年 9 月

目　录

建设教材编写共同体，有效促进教师发展……………………（ 1 ）

　　——教材总主编束定芳访谈

行远自迩，致知力行…………………………………………（ 17 ）

　　——教材副主编王蔷蕾访谈

编写即研究，研究即编写：教材编写的历程、奉献与喜悦…………（ 34 ）

　　——学生用书编者、教学参考资料副主编徐继田访谈

精益求精，合力迎挑战………………………………………（ 46 ）

　　——学生用书板块负责人、教学参考资料副主编何幼平访谈

学习与反思并进，磨炼与突破同行…………………………（ 52 ）

　　——练习部分副主编潘鸣威访谈

集众人之智，展工匠精神，谱品质新章……………………（ 62 ）

　　——学生用书分册主编及板块负责人、教学参考资料编者安琳访谈

开拓学术视野，提升教育情怀………………………………（ 75 ）

　　——学生用书分册主编及板块负责人、教学参考资料编者田臻访谈

在不断尝试与坚持中提升教材编写品质……………………（ 87 ）

　　——学生用书、教学参考资料编者杨红燕访谈

一个人可以走得很快，跟着团队可以走得很远……………（ 97 ）

　　——学生用书、教学参考资料编者唐树华访谈

踔厉奋发、研精致思，行而不辍、功不唐捐………………（ 102 ）

　　——学生用书板块负责人、教学参考资料编者刘宝莹访谈

参与教材编写，收获教师发展………………………………（ 113 ）

　　——学生用书编者、教学参考资料分册主编沈华访谈

教材助力，自我成长·······································（121）
　　——学生用书板块负责人、教学参考资料分册主编王琳艺访谈

多个身份看教材，给工作多一份底气···············（126）
　　——教学参考资料分册主编王宏年访谈

勠力同心编教材，服务教研促发展···················（131）
　　——教学参考资料分册主编王凌珏访谈

教材编写为我打开了一扇窗···························（138）
　　——学生用书、教学参考资料编者袁李瑶访谈

站在更高的平台看课堂和课程·························（143）
　　——教学参考资料编者李萍访谈

站在巨人的肩膀上，回归初心，享受成长···········（149）
　　——教学参考资料编者沃维佳访谈

字斟句酌，教材编写让我更明确团队努力的方向·········（155）
　　——教学参考资料编者张珏恩访谈

参与教材编写，深入理解课标，增强教学实效·········（163）
　　——教学参考资料、练习部分编者郑璨访谈

学习，成长···（168）
　　——练习部分分册主编金敏访谈

见贤思齐，取法乎上：一名青年教师的参编体悟·········（179）
　　——练习部分编者朱思天访谈

贯彻新课标，打造全国基础外语教材新典范···········（189）
　　——上海外语教育出版社副总编辑张宏访谈

继往开来，砥砺前行···································（198）
　　——上海外语教育出版社基础教育事业部主任韩天霖访谈

守一份匠心，结奋斗之果·······························（204）
　　——上海外语教育出版社编辑、教材项目负责人陆轶晖访谈

建设教材编写共同体，有效促进教师发展
——教材总主编束定芳访谈

作者简介

束定芳，上海外国语大学教授、博士生导师、上海市英语教育教学研究基地首席专家，《外国语》主编，中国英汉语比较研究会认知语言学专业委员会会长，教育部大学外语教学指导委员会副主任委员，上海市语文学会副会长。研究方向包括认知语言学和外语教学理论与实践。著有《现代外语教学：理论、实践与方法》（1996，2008）、《隐喻学研究》（2000）、《现代语义学》（2000）、《外语教学改革：问题与对策》（2004）、《认知语义学》（2008）、《大学英语教学成功之路》（2010）、《中国外语战略研究》（2012）、《认知语言学研究方法》（2013）等，主编《新目标大学英语》（2016）等教材系列。担任上外版《高中英语》学生用书、教学参考资料和练习部分总主编。

访谈者：能否请您简述上外版《高中英语》的编写启动过程？

束定芳：从教育部高中英语新课标修订启动后，上海外语教育出版社就着手准备修订其原有的高中英语教材。上海外语教育出版社曾经在 2017 年和我联系，希望我来主持《英语》（新世纪版）高中英语教材的修订。这套新世纪教材原先是在上海市使用的，出版社希望这次修订后的教材能够通过教育部的审核，从而在全国推广使用。因此，在 2017 年，我就组织了一部分老师，主要是英语基地的

一些专职和兼职人员，来讨论教材修订工作，主要是怎么根据新课标来做适当的调整。对新课标有所了解以后，有了一些想法，就做了一个样课，希望修订的教材能够体现新课标的一些新的要求，尤其是核心素养的培养。另外，作为语言教材，教材的语言素材也要及时地更新，与时俱进。我们当时还特别考虑到中国文化方面的内容，因为那两年教育部和中共中央国务院有一系列的重要文件都在强调中国传统文化走进课堂、走进教材这样的要求和理念，所以我们就特别希望在新的教材里面也能够有相当一部分的关于中国文化的内容，这是最初对原有的高中英语教材修订的一些计划。

访谈者：能否请您简述上外版《高中英语》的整个编写过程？

束定芳：2018 年初，我们了解到上海市教委想让英语基地来组织编写新的高中英语教材。实际上一开始也没有明确地说是修订还是编写，但是明确了这个工作是由英语基地来承担。实际上，上海市人民政府、上海市教委当时建立各个学科基地的时候，是考虑到上海市进行过两次课改的情况的。在两次课改中，上海市组织编写了自己的教材，尤其在二期课改中，像英语就是体现了"一纲多本"的理念，推出了两套教材。上海市作为中国教育改革试点省份，一直希望可以有自己的课标和教材，所以学科基地成立之初的三大任务之一就是编写教材。原先还有编写课标的任务，后面教育部确定全国统一使用一个课标，但是上海市可以编写自己的教材。教材编写工作实际上是在 2018 年 6 月 26 日上海市教委组织的正式会议上启动的。7 月中旬市教委在崇明又召开了一次紧急的封闭会议。在这次会议之前，市教委布置各个学科基地拿出一个样课，就是新教材的样课，请了一些专家来反馈、讨论、审核。在 2018 年 7 月的市教委封闭会议之前，我们实际上没有正式启动新教材的编写，就是有些想法，在准备修订教材的过程当中，我们核心小组成员也是收集了一些素材，那么这个阶段我把它叫做准备阶段。

从 2018 年 7 月市教委的封闭会议开始就进入了一个正式启动阶段。这个启动实际上就是样课的打磨。因为时间比较匆忙，我们编写组在市教委的崇明封闭会议期间递交的样课还是比较粗糙的，专家也不是特别满意，给了编写组很大的压力。我当时了解相关情况后，立马中断了在国外的一个行程，回到国内，跟大家一起讨论新的方案。然后我们就在 2018 年的暑假进行了两次封闭会议。第一次封闭会议是关于选材。众所周知，一套教材选材如果成功的话，那实际上也就成功了一半了，所以我们在素材方面下了很多功夫。初步定下选材后，我们再研究如何对这些材料进行合理分布，然后语言能力、语言知识、语言技能等等怎么分配，怎么能够把整体的结构和框架搭起来，这样就可以为样课打下一个坚实的基础。第二次封闭会议主要讨论样课，也就是一个单元的课例——怎么形成单元的结构，怎么能够把新课标的要求反映出来。这两次封闭会议研讨的效果还是比较明显的。在此基础上，大家就开始分头根据素材来进行编写。

与此同时，我们也在进行编写方案的修订。在这个过程当中，实际上市教委也组织了很多相关的业务交流，比如跟其他学科编写组的交流。此外，我们编写组本身也积极组织了各种交流，比如把我们的方案拿出来汇报，听听各方的意见，包括一些英语学科的教研员，还有专家的意见，甚至其他学科的专家的一些意见。市教委委托教研室对编写方案，还有编写说明这样的文件都提出了一些要求。

虽说正式启动编写后，各项工作都在推进，我们也有了一个样课，但实际上大家还是遇到了很多的问题和困难，比如样课本身也不是很完善，还有，整体的编写方案也不是非常明确，在编写的过程当中也发现了个别选材还需调整，总之，一直是在不断调整中。

前面有提到，我们在两次封闭会议后就开始分头编写，每个人承担不同的单元，有的人承担了两个单元，甚至有的承担了三个单元的编写。大家做了初稿拿出来以后，就发觉有个非常大的问题，就是单元之间的对应性比较差，还有板块之间、册之间的梯度也难以体现。就是大家都跟着样课做，做出来的东西可能都差不多，很难体现册之间，尤其是必修和选择性必修之间的梯度，还有板块之间缺少连贯性。对此，我们采取了两个举措，对后面的教材编写产生了重要的影响。首先我们设立了板块负责人，就是教材单元中的各个板块有一个专人来负责，主要做两件事：一个是统一要求，然后根据要求进行设计，使各册板块的梯度有一个循环螺旋上升的过程。负责人还需要审读分头编写完成的单元里的板块，提出反馈意见。这样的话，每一册的板块之间，各个单元的板块之间就有了可参照性，有了一个统一的要求。我们采取的第二个重要举措是指定了分册负责人，也就是分册的主编。分册负责人要对每一册里的几个单元的所有内容负责。因为每个单元都是不同的人编的，每一册有一个负责人以后，就可以对本册的体系、质量进行把控，这样也减轻了主编和副主编的压力，可以有效地促进各个单元、各个板块之间编写人员的沟通。我觉得这两个举措是我们教材编写的一个重要的转折点。

接下来就进入了第三个阶段，应该说是经过磨合以后的修订完善阶段。这个阶段当然也是收到各种各样的反馈，有上海市教委、教研室组织的反馈，试教试用的反馈，还有两次送审——一次是教育部初审，还有一次是教育部复审后的反馈。两次送审后，我们都根据专家的反馈意见进行教材修订和编写方案修订。这个阶段不仅是对一些细节问题进行修改和完善，实际上也对整个编写理念、原则、框架、结构进行修订和完善，这样就使得教材的体系性、科学性、可操作性等都得到了提高。

第四个阶段是教材配套材料的编写，包括教学参考资料、练习部分、配套阅读等相关材料。配套材料肯定要基于学生用书，这也是一个非常复杂的协调的过程。在这个过程当中，学生用书的编者要与练习部分，还有教学参考资料的编者之间有各种各样的交流和协商，我觉得这个过程对提升教材的总体质量也是有帮助的。

第五个阶段就是教材使用培训，这一过程其实也是很重要的。为了更好地传递教材的理念，我要求每个板块负责人写出板块介绍文章，每个分册负责人也要对所负责的分册的特点进行总结，然后每个人都要做一个教材培训汇报。通过这些工作，我们可以对编写工作进行深入回顾，可以梳理清楚教材的脉络，把教材的特点真正地呈现出来，这也可以为后续的再修订等方面的工作打下基础。以上就是上外版《高中英语》的编写过程。

访谈者：请问您是如何与编写组成员进行交流、互动的？

束定芳：从英语基地成立之初，我们就非常重视跟中小学老师，尤其是教研员、特级教师、名师的互动。因为基地都是设立在高校的，很多基地的专、兼职研究人员都是大学老师，对中小学的外语教学的实际情况不一定非常了解，所以我们希望能够通过跟一线教师，还有教研员的互动，使我们的教材编写能够真正做到顶天立地，能够符合实际情况，能够受到学生和老师的欢迎。在启动上外版《高中英语》编写时，通过教材副主编王蓓蕾老师的积极沟通，在市教委教研室高中英语教研员汤青老师的协助下，我们的编写团队就吸收了一些教研员和特级教师参加。王蓓蕾老师是教材编写具体工作的协调人，也是编写组沟通的枢纽。我跟她的沟通相对较多，一般是通过微信、电话来沟通。随着教材编写工作的全面铺开，为了便于信息的传递和反馈，我们编写组建立了一些微信群，有核心成员的、有分册负责人的、有板块负责人的、有行政事务的、还有教学参考资料的、练习部分的等等。涉及具体编写内容的，我们可以通过小群交流；对于一些面上的、共性的问题，我们就会通过大群或者是会议来沟通。比如，从2018年开始到2020年底，两年半左右的时间，我们利用节假日，尤其是寒暑假，举办了多次封闭研讨会议，各个层面上、各册之间、各个编写小组之间在封闭会议中进行了深度的交流。

作为教材主编，除了协调我们编写团队内的沟通，还要处理跟外部的沟通，比如跟市教委、教研室等方面的交流，跟出版社的交流，还有跟学校有关领导的交流等。教材编写是极为复杂的系统性工程，需要各方的支持，比如说编写人员投入精力做这项工作前要经过所在单位领导的同意、经过政审公示等，这些都是需要去沟通的。在这个过程当中，我们争取到一些学校的支持，能够让编者有更多的时间来参与我们的教材编写；在同济大学外国语学院院长吴赟教授的大力支持下，王蓓蕾老师能够专职到基地来编写教材一年；浦东外国语学校朱校长在学校英语教师比较紧缺的情况下，同意借调刘宝莹老师一年，让她全职在基地参与教材编写工作。还有在这个过程当中，因为我们人手短缺，湖南大学外国语学院刘正光院长支援了我们两位有教材编写经验的老师，浙江师范大学外国语学院胡美馨院长派出了英语系的正副主任参与我们的编写工作，上海市的市级、区级教研员不断地从一线教研力量中推荐合适的人员来参与，特别是教学参考资料和练习部分的编写……这样的一些协调工作，包括后期和出版社的各方面的、上上下下的协调，实际上还是占用了很多的精力。

现在回过头来看，我们联结了各方，同时我们也形成了一个命运共同体。大家为了一个共同的目标，都从各自的角度来做好自己的工作，来出力。从教材编写人员角度来看的话，我们形成了一个学习共同体，大家在这个过程中交换、传递各种各样的信息和要求，对每一个人来讲都是一个学习的过程。尽管大家原来在各自的岗位上都很有经验，但是加入到这样的团体开展教材编写是一个全新的工作，对大家来讲都是一个学习的过程。

访谈者：上外版《高中英语》的编写过程中有没有什么让您印象深刻的事情？为什么？

束定芳：印象特别深刻的事情就是在这个过程当中大家过于投入，身体出现状况，使我非常担心。比如说王蓓蕾、司露，还有其他一些老师，都是经常开夜车，我听说有的时候都是通宵达旦的，我就非常担心。一方面，当然希望这个工作能够有序地推进，但是另外一方面，我又非常担心其中哪位成员，特别是重要的成员，突然身体出现不良状况了。这样的话我于心不忍，也对不起他们的家人，我是要负责任的。所以我想，大家的投入精神让我常常担心他们的身体健康，这个是我印象最深刻的。

这个过程当中还有使我难以忘怀的就是各方的高度重视和支持。政府对整个教材编写工作的严密组织和管理真的无须多言，还有来自各方强有力的支持，比如说我们联系的无论是国内还是国外的专家，应该讲都是领域里的知名专家，只要我们提出要求，请他们帮我们审读一些材料，帮我们提建议，他们都非常乐意，而且也提供了非常好的建议。当然还有学校领导，只要我提出相关的要求，上外的姜书记都百分之百地支持。他觉得这样一个工程特别重要，对上外重要，对上海市很重要，对广大学生和老师更重要，因此愿意为这件事做好后勤支持和保障的工作。总之，大家对新教材编写的认识是高度的一致，都非常重视这件事情，劲都往一处使，都全心全意地去做好这件事情。

访谈者：您是否认为自己的某些经历或特长助力了此次教材编写？

束定芳：我主编过"新目标大学英语"系列教材。在这之前也主编过《大学英语快速阅读》教材。相对来说，大学英语教材编写的自由度要大一些，主要是看编者的理念，所以我们当时做的一些工作主要是基于对外语教学理论的理解，再加上对中国大学英语教学的现状、发展趋势的把握，以及对国外教材的了解，这样几个方面结合起来设计我们的大学英语教材的体系及内容。经历了整个编写过程肯定是对后面编高中英语教材有好处。但是编写大学教材和高中教材不完全一样，因为编写高中英语教材一方面要对标，另外一方面要符合高中实际教学的情况。这对于很多参与编写的人员来讲，还是比较有挑战性的，毕竟对高中学生的实际情况以及老师的相关情况不一定非常了解。

从我个人的经历和特长来说，我的理论研究背景——语言学以及外语教学理论的研究背景，教材编写的实践、组织和管理的经历，应该讲都对我做好这次高中英语教材编写工作有帮助。当然，更重要的还是我对于中小学外语教学的关注和了解，特别是参与过的一些调研项目，还有做的一些实验项目等等，所有这些对此次教材编写十分有帮助。我认为不一定只有直接编写过教材才会有帮助，更多的还是对现实的了解，对现实的关注，以及对教材跟老师、学生之间的关系的洞悉，对满足、实现新课标的要求和目标来讲应该更重要。比如，我一直以来坚持的一个理念就是一种新的教材观。我认为教材是一个媒介，是一种载体，是一种工具，它是为某个目标服务的。我一直强调这一点，在高中英语教材编写过程中，以及在后面试用培训当中，我也一直强调老师们不应该拘泥于教材，因为教材本身不是目标，它是用来体现目标，帮助老师和学生达到目标的。

访谈者：为了更好地完成此次编写任务，您有没有进行一些新的学习或者做出一些其他的努力？

束定芳：我想最重要的可能就是我在对整个编写过程的设计和把控方面的努力。我们的教材编写是按照时间节点推进的，整个教材编写也是按照闭环来运作的，每一个环节的重点目标的设置和达成都是很重要的。另外，我也努力去组织协调团队，物色编写人员，因为教材编写需要团队协作，应该要做到人尽其才、物尽其用。因此，我也及时地调整了一些编写人员，让擅长做某些工作的人来发挥他们的特长，对于不太合适某些工作的编写人员，我们也及时做了调整，这样做的目的都是为了能够更好地完成任务，能够让教材真正地达到比较高的水准。还有一项很重要的事就是联系各方专家。就像我们在编写方案的修订上面，在样课的打磨上面，我们请到了国内外各方的专家帮我们一起完成和改进。当然，这主要还是利用我自己的经验和资源。比如说北师大的程晓堂老师，他很熟悉中小学英语教材，一直在做研究；还有一些上海的教研员、上海和外省市的特级教师、优秀老师等等，我们都广泛听取各方的意见，这些努力对我们教材的结构、内容、特色的完善起到了重要的作用。还要说的话，我想可能在教材编写之初的选材方面所做的努力，包括材料的寻找、选择、取舍和修改。我原来就积累了一些素材，发现后来也确实用上了。

访谈者：您参加此次教材编写有哪些收获？最大的收获是什么？为什么？

束定芳：我在我们的"高中英语教材编写总结会"上也讲了，有很多的收获。收获的不仅仅是最后成形的这套教材，最重要的还是培养了一批人。我们培养了一批优秀的中学老师。一线教师可能通过参与我们的教材编写、教材培训、教材使用，提高了教学能力，也提高了研究能力，成长为更优秀的老师。我们基地的来自大学的专、兼职人员，作为大学老师，作为研究者，能够有机会把自己所学、所研究的东西付诸实践，能够真正在外语教学实践当中去帮助学生、帮助老师，我觉得这也是非常重要的收获。就是说大学的老师会有一种成就感——能够把自己的所学、所得化成教材，并在这个过程当中对外语教学的实际情况，对教材的本质特征、教材的功能、如何使用教材，以及如何组织课堂教学等形成一些新的感悟。

总之，无论是大学老师还是一线的中学老师，可能原来看别人怎么教我也怎么教，或者按照自己的感觉去上课。但是，通过教材编写实践活动，他们可能会对外语教学，特别是对外语教材产生更多新的想法，然后就会在接下来的教学过程当中去实践，我觉得这是很大的收获。

访谈者：您是否认同"参与教材编写可以作为教师发展的一种有效方式"这一观点？

束定芳：确实是这样的。首先，参与教材编写带来的发展是全方位的。在我们编写组，有部分编者原来没有教材编写的经历，可能就只有从事英语教学的经历。通过教材编写，我们都渐渐发现教材编写需要很多方面综合起来的一种能力。因为不是说我有一定的英语基础，我能够看懂这个材料，能够设计问题，能够编写练习，就能编写出教材了。这些远远不够。编写教材是需要明确教学目标和要求的，所以要了解课标的内容，要有一定的理论素养，能够知其然，还要知其所以然。简单地说就是要明白我为什么这样做，我这样做的依据是什么。此外，除了会编教材，也要能够对别人做的东西有一个评价，有一个反馈。我们在教材编写过程当中，互相之间会去提建议，会去看别人做的东西，所以要能够说出好在什么地方，不足在什么地方。我想这对很多老师来讲，都是一种锻炼，因为原来只要我能够看得懂就行了，现在不仅要看懂，还要能够提出完善的意见，要找到理论和实践方面的依据。

第二个方面，参与教材编写可以提供多样的机会和充足的空间去提升自己的能力。无论是副主编、分册主编，或是板块负责人等等，都要跟很多人进行沟通和交流，这就需要有非常好的协调的能力和技巧。比如要能够说服别人，能够把自己的一些想法、一些要求，用合适的、别人可以接受的方式，跟别人沟通。我想在这个过程当中，应该讲所有的人都得到了锻炼，或者说有些原来有这方面潜能的人都得到了开发。原来大家可能没有这样的一个机会来展示自己这方面的才能，我想在教材编写整个过程中，大家可以去发挥的空间确实比较大，应该讲每个人都有机会去展示、去锻炼才能，所以我的感觉是整个教材编写过程当中大家都尽了最大的努力去做。尽管有的时候会听到抱怨，比如说已经到了极限了，受不了了，快要爆炸了，但是我想这个正是英语里面讲的 live life to the full，就是充分发挥，give full play to，或者说 to the limits。这代表大家尽到了最大的努力，这样做的话实际上就是一种拓展自己的过程，结果肯定会是圆满的，应该讲个人的各方面都会在这个过程当中得到提升。编教材不仅仅是一种学术活动，还是一种情感交流活动，也是一种学习活动，是各方互相学习、互相鼓励、互相支撑、互相成就的过程，这也是我们教材编写的一个非常重要的特色。

访谈者：您认为应该如何推进该方式？为什么？

束定芳：我们讲教材编写是一种有效的教师发展的方式，当然也意识到教材编写不可能成为每一位老师来实现自身发展的一个方式。因为教师群体中也存在不同的情况，教师发展活动应当也是有层次的，比如有面向核心人员的，面向骨干教师的，还有一般老师的。

我想能够参与到新课标教材编写当中来的老师，应该讲已经是优秀的教师了，可能是教学骨干，或者是学术上面有一定基础、有一定造诣的老师。通过上外版《高中英语》教材的编写，我感觉到教材编写实际上是一个非常好的促进骨干教师发展的渠道。确实，不是所有老师都有加入到教材编写团队中的机会，但教材编写对于培养核心的老师来说，尤其是像教研员层面的教师教育者，或者说日常教学工作管理者，非常重要。他们来参与教材编写，会使他们对怎么理解、演绎、使用教材，怎么指导学生去用好教材，怎么打通课内外产生很多的启发。

据我了解，国外的教材编写跟中国的教材编写情况不一样。国外的话，很多学校没有现成的教材，老师要自己开发材料。比如说英国有些大学，会有一种 short training course，一个月、两个月的 training course，当中就有 developing teaching materials 这类课程，就是来讲授怎么开发教学材料。这种课程会教一些技术方面的东西，我也看到过一些参加过培训的老师写的回忆性的文章，他们就觉得这个课程很有启发性，会启发他们去思考原来根本没想过的问题，了解怎么编写教材，知道所以然了，也提高了课堂教学的自信心。原来教育管理部门允许学校开发校本教材，这样对老师们来讲应该是一个很好的锻炼机会。但是校本教材开发可能缺乏科学性，比如很可能就是一个学校里面的几位老师把几套教材拿来剪辑拼接一下，也没有真正地形成一个学习团体，没有很好的组织者。但是不管怎么说，这个过程对教师发展还是有帮助的。但光有这样的机会还不行，关键还要看你怎么来组织。所以我们不是说一定要编真正的、最后会出版的教材，而是在编写过程中明白其中的道理，我觉得类似的活动还是可以做的。

如何让不能加入到教材编写团队的老师也实现专业发展？我们先要好好地来研究一下这么一个教材编写实践活动为什么对老师的发展有特别的促进作用。如果我们能够把这里面的一些关键因素抽象出来、提炼出来，让其他不能参与教材编写过程的老师也能够去参加类似的活动，或者以后也能够在教师发展的项目当中或培训课程当中加入这些元素，把这样的一些方法用进去，我觉得老师们都能够得益，这也就达到了我们所说的效果和目的了。像我们这次教材编写，如果让老师们每人都来讲一句收获，无论是大学层面的、教研员层面的、特级教师层面的，还是青年教师层面的，就是每个层面的老师都来谈谈他们参与的过程、贡献和收获，然后进行梳理，我觉得肯定有一些值得我们重视的方面。比如，首先是对于教师培训活动设计方面的启发。我们编写教材，编者肯定要了解编写教材的原则是什么，依据是什么，为什么要这样编，目的是什么。要回答这些问题，自然要回归到对课标的理解上，那么很可能参编人员要通过自己的研究去了解课标的依据，以及课标和教材的关系。比如我们这次教材编写过程当中关于思维品质的培养的考量，就是 critical thinking 这方面的设计，新课标里没有明确地说是哪些内容以及怎么来体现思维品质的培养，这就需要编者自己去构建。所以在这个过程当中，我们编者都在思考，都去查阅相关的资料，并进行讨论。因为教材编写需要遵循一些原则、一些原理，那么编者就要去有针对性地学习、熟悉一些理论，甚至去做一些探索。因此，这给了我们一个启发，就是理论学习要有目的性，要有针对性。理论是用来指导实践的，当在实践中遇到瓶颈、遇到困难的时候，我们应该要有针对性地去寻找相关的理论的支持。

今后设计教师培训项目的教师培训者，或者有关教育管理部门就可以考虑：在组织教师培训时，无论是专家讲座，还是其他形式的培训，关键要看培训要去解决什么问题，而不是有什么专家或能有什么讲座可以带给老师。现在有很多教师培训项目，包括国培项目都是能开出什么课来就给老师上什么课，是供给方说了算，没有考虑到需求方的真实需求。原来很多人都觉得教学是种实践活动，可能不需要理论，但是教师发展项目的设计者应该是要让即使原来对理论比较轻视的、不屑一顾的老师，也觉得学了理论以后能够解决实际问题，发觉理论的有效性，这个非常重要。

其次，我们也通过教材编写看到了引导教师关注教育教学对象和语用能力培养的重要性。高中英语教材编写当中，很多问题都涉及学生喜欢不喜欢。高中生喜不喜欢英语课涉及很多问题，教育学、心理学，还有语言学习理论等很多的方面。英语课程的内容要符合他们的认知能力、他们的背景知识的结构，还有求知的欲望等很多方面的特点。我们一直讲外语教材有幼稚化的倾向，也就是说老师不是真正把学生当作他们这个年龄阶段的人来看待，没有考虑到他们真正的需求。为什么常说语言学习，特别是外语学习的效果不是非常令人满意呢？很有可能就是课堂上教的、训练的、实践的、不符合真实生活当中所遇到的场景。我们希望能够引发老师思考，把相关理论对应起来，明确教学实践的目的性。我们一定要强调外语课的最终目的是让学生能通过外语来达到某种目的，比如说去获得新的知识。外语教学都是有内容的，而且是综合的。如果外语教材主题、内容引人入胜的话，能让学生更多地去关注、讨论这些内容，那么可能学生的语言能力、语言知识就悄悄地发展起来了。但是怎么能够根据不同阶段的学生的特点、合理地涉及跨学科的知识，这是需要考虑的。有些老师没有参与编教材，但能有机会通过参加其他的教师发展活动，关注到无论是在学生的语言能力方面、文化意识方面，或者是思维能力方面，或者是道德品质、修养方面的培养，从中能得到一个感悟，得到一个提升，肯定是很有用的。当然，一次实践活动还不可能达到一个很明确的目标，但是多次实践活动、如果都具有针对性，就是说朝向是统一的，那么目标就能得到强化。所以应该把教材编写这个教师发展的有效方式的重点提炼出来，再通过不同的方式去达到目标，就是强调教学实践的目的性，最后达到殊途同归的境界。有的时候一个教师发展活动可能会有不同的目的，组织活动的人应该有这个意识。从教材编写经历中了解到为什么要这样编，就可以在以后的教材使用、教研活动、或者教师培训中去实践。比如可以让老师像编教材一样地设计一个教材里的活动，让他们来讲讲活动的目的是什么、怎样做更有效、希望别人怎么来处理这个活动、等等。

第三点就是应当倡导无论课堂内外都应关注语言输入的多样性。我们在编教材过程当中，大家都感觉到选材是有限的，词汇量是有限的，语法讲解是有限的，就是说教材本身能够提供的资源肯定是不够的，挂一漏万，而且不能够真正体现出语言使用。教材面向的是很多不同情况的人，编教材的人本身就已经做了各种各样的选择和限定了。因此教材不过是资源，而且是有限资源的载体、教材体现出来的很可能不是语言使用的本来面目或真实面目。但是在使用教材的时候，无论课内课外，应该要让学生能够接触到更真实的、更丰富的学习资源。教材使用、课堂教学就要讲求做改编或者补充，应该是跟学生交流，让学生的语言实践活动还原到真实的语言交流、思想交流。因此我想这一点也应该在教师发展活动中体现出来，要让老师意识到这一点。比如可以让教师亲自来用教材、编教材，并让他们去发现要达到某个教学目的，光用一种教材是不够的，从而让他们意识到开发资源的重要性，并让他们能够根据不同学情去调整和开发。

第四点是应当构建有层次、有进有出的学术共同体。我们编写教材，如果说个人编，其实个人学习到的、感悟到的东西也是比较少的。而在团体当中，通过互相的讨论和互相的启发，大家肯定都能得到更大的提升。因为在这个过程当中，既有跟你差不多的人的交流，也有跟比你更 knowledgeable、更 skillful 的人交流；既有机会向比你更 competent 的人学习，也有机会给跟你差不多的，或者在某些方面不一定跟你一样的人做老师，也就是说我们教材编写组形成了一个可以取长补短的学习共同体，一个可以互相交流、互相学习的学习共同体。那么其他教师发展活动也应该要在一个学习共同体中开展，可以是讨论教材编写，可以是讨论教材使用，可以是讨论怎样完成某一个教学任务，可以是讨论如何帮助学生，也可以是讨论出一张试卷或开发一个教学软件等等。这样的讨论要有一个学习社团，就是说能够有一个集体，有一个可以互相帮助和支持的共同体。

总之，我想如果我们能够把教材编写过程当中促进教师发展的因素提炼出来，并能够在其他的教师培训活动当中体现，也是在推进教材编写去促进教师发展。毕竟要让每个老师都来参与教材编写是不可能的，教材编写只能够让核心骨干教师有机会参与，而且对他们来讲效果也更好。我们在这次教材编写过程当中，尤其到最后一个阶段，觉得骨干教师的参与特别重要。我们在开展教材使用培训的时候，除了请来自大学的核心成员进行讲解以外，还邀请了一批骨干教师来讲教材的设计和理解。我们发现，骨干教师跟普通一线教师的距离更近，更善于交流，他们的现身说法对教师来说可能更有帮助。教师发展活动应该讲求促进不同层次教师的发展，因为面向的教师群体本身就有青年教师、骨干教师、教研员等不同层面，不同层面的人具备不同的能力和知识。教材编写实践活动体现出来的要素，有理论、实践、组织形式等等，应该讲对我们今后开发和组织教师发展的一些项目和活动都是有启发的。

访谈者：能否基于本次教材编写经历谈谈您对未来教材编写的建议？

束定芳：在教材内容上，要尽可能更符合语言学习的特点，符合学生的认知规律。比如说小学阶段，我们怎么能够利用学生喜欢的形式，比如说漫画、绘本、歌谣、游戏，立体化地呈现真实使用的语言，或者将儿童交流的过程放到教材里面去，能够让学生体会到用这个语言来进行交流，能够达到某一种沟通的目的。有了这样的教材，学生学了以后才能够跟说外语的同龄人进行一定程度的沟通，并不是说我们的小学生只能跟国外幼儿园的孩子去沟通。尽管学生的语言能力有限，但是不能弱化学生的思维能力培养。到了初中阶段的话，如果从教师角度去找材料，可能会有忽视学生兴趣和意愿的情况，就是教师认为对学生有用，应该学，但实际上学生根本没有兴趣。我就了解到很多学生在学习语言的过程中有自己喜欢的东西，甚至可能会自愿去背诵，自己不断地去用，就是 return to it again and again。因此我们要了解学生在用的、常用的，或者喜欢的东西。我以前一直讲，但是做起来比较难的一件事，就是希望能够让学生来推荐好的学习素材——就是学生最喜欢的内容，学生希望看到的教材，让学生有更多的 say，让学生有更多的 participation。我们最好听听学生和老师的意见，不一定完全跟着要求走，就是说要了解现实情况，但是又要在一定程度上，用他们喜欢的方式，用他们熟悉的方式，用可能会更有效的方式引导学生和教师，往一个适中的方向走，那就好了。

如果说对我们后面的教材编写有什么启发的话，我想我们这个过程当中的经验和教训在后面编写中都值得借鉴。首先是提前建设教材编写队伍。对于义务教育阶段教材编写，我们在原来高中教材编写核心团队的基础上，比较早地就去物色，去组织一批来自包括上外还有上师大、复旦大学等高校的老师，还有更多的优秀中学老师，来参与我们的教材编写。我们也是根据前面的经验，对于编者，首先要有理论基础，要去读一些书，了解一些理论，然后研究教材；其次是要有自己的想法，对未来的教材怎么做有自己的思考。

第二，提前构思和撰写编写方案。高中英语教材的编写方案是一边编教材一边做的，所以并不是一开始就有一个完整的蓝图。那么我们做小学、初中教材，准备时间相对来说要比高中教材充分一些，所以我们可能要事先做好设计，讨论整个编写方案，这样就能更好地体现教材的特色，能把教材做得更好一些。高中教材我们是边做边学，边学边做，一边修改一边完善。那么我们义务教育阶段的教材，可以采取研讨、设计以及再完善的这样一个过程，可能相对来说能做得更好一些。

第三，我们可以更全面地了解实际情况以及学生的需求。具体来说，就是学生实际学习外语的方式，还有他们的一些喜好，一些特点。我们这次对于义务教育教材也有一些设想和要求，希望小学阶段和初中阶段的负责人能够去组织相关的调研，听取老师和学生的意见和建议。当然还有研究现有的教材，探索信息化的途径。我特别强调人工智能在新一代教材当中的作用，所以一定要有这个超前意识，能够把新的IT和网络技术用到我们的教材当中去，能够真正地实现线上线下的融合，体现出数字教材的优势。虽然说高中教材也是按照要求努力去做了，但是并没有能够超前，在某种意义上还是传统的，小学和初中教材的话，肯定更应该体现出数字技术的优势来。

最后是我最近一段时间在考虑的，外语学习实际上是一种思维方式、综合素养的培养，所以我们应该考虑怎样能够在新教材中实现学科知识的融合，体现不同文化的比较，使学生的思维能力得到提升，更好地根据学生的认知能力、情感态度等等各方面的特点，让外语发挥其他学科发挥不了的作用，实现外语学习独特的功能。我觉得这些也是高中英语教材编写后促使我们去思考的方面。

外语教材编写与教师专业发展之路——上外版普通高中教科书《英语》编者访谈录

16

行远自迩，致知力行

——教材副主编王蓓蕾访谈

作者简介

　　王蓓蕾，同济大学副教授、硕士生导师。研究方向为应用语言学。主持国家社科基金一般项目、教育部人文社科项目，参与多项国家级和省部级项目。曾参与编写"外教社—新世纪大学英语"系列教材和"新目标大学英语"系列教材以及应用语言学论著。担任上外版《高中英语》副主编，兼任分册主编和综合运用板块负责人。

　　访谈者：您作为一名大学老师为什么会关注到高中英语教学呢？

　　王蓓蕾：其实大学和高中之间一直存在衔接问题。大学生，特别是一年级新生，因为来自全国各地，所以英语水平差别很大，有的学生对大学英语教学非常不适应。多年前我做过一个新生调研，并在国际会议上发言，后来这篇文章被收录到国际会议论文集。

　　真正走进高中英语教学是在 2016 年，上海市英语教育教学研究基地建立以后。英语基地负责人束定芳老师采用学段负责制：朱彦老师负责小学、安琳老师负责初中、我负责高中。那时英语基地主要有三大任务：第一个是研制上海市的英语课程标准，第二个是审读或编写教材，第三个是教师培训。那时我们首先接到的市教委的任务是与课标有关。当时国家课标还没有正式颁布，但已有征求意见稿，要在全国范围内做调研，上海是调研对象之一。上海的各个高校、中学等各机构的所有数据是由英语基地形成报告的，这个报告由我执笔，将上海的调研数据汇总分析，也让我有机会对国家课标有了初步了解。

英语基地建立不久，各学段就成立了课标研制小组。当时课标团队里的老师有高校的，也有高中的教研员和优秀教师，这多亏了高中英语教研员汤青老师的推荐。其中好几位老师是《高中英语学科教学基本要求》编写团队的编者，后来他们先后参与了上外版《高中英语》教学参考资料和练习部分的编写。同时我们也做了课标的国别研究，这也是英语基地的研究项目之一。当时主要是朱彦老师负责，我们分头找不同国家的课标进行研究。在这个过程中我们熟悉了不同课标的要求，学习到一些新的理念，例如芬兰的课改是走在世界前列的，他们提的素养，还有跨学科理念，都是比较新的。另外新加坡的课标里学习策略做得也非常好，这对我们的教材编写有不少启发。

对于具体的教学实际情况，特别是上海二期课改的情况，我们在 2016 年下半年到闸北八中做了一次调研。束老师联系了刘京海校长，希望了解该校倡导的"成功教育理念"以及信息化的互动平台。在访谈中，刘校长提到课标应该保底不封顶，这和新课标的理念基本一致。2017 年英语基地在虹口区设立了联系学校，高中定的是复兴高级中学。我们走进复兴，跟老师研讨新课标，根据学校的需求协助他们调研和设计听说课，采用驻校方式定期去学校开展新教材选文试用试教以及高中英语选修课的研讨，由此对高中教学有了更为深入的了解。该校教研组长楼蕾老师后来也参与了上外版《高中英语》学生用书和教学参考资料的编写。

我从 2016 年开始参加了上海全市范围的教研活动。有一些教研活动令我印象非常深刻，其中一个是虹口高地的。当时毕红秋老师还是高地的理事长，在华师大一附中举办了一次大规模的教研活动。另外一次是在市三女中的全市教研活动，何亚男老师、汤青老师、金怡老师等都参加了那次活动，这也是我第一次走进市三女中，印象非常深刻。记得有位老师上了一节概要写作公开课，针对该课程不同阶段的设计做了解读，还有后续的听众互动环节都做得非常好。中场时学校还演示了《悲惨世界》戏剧片段，是学生自己演的剧。当时我就觉得上海高中的英语教学能够在全国范围内起到示范作用，离不开这些优秀教师和学生的努力。

访谈者：您是通过怎样的契机参与到上外版《高中英语》的编写工作中的？

王蓓蕾：上外版《高中英语》教材是上海市教委委托英语基地编写的。束老师是英语基地的首席专家，也是这套教材的总主编。一直以来，他都非常关注中小学教学，1996年就出版了英语教学法的专著。他提出，如果学生在中学阶段就基本掌握了英语，那么到大学时就不是再回炉，或者说，在这时就不再学纯语言了，而是可以学习与专业更相关的内容。

束老师一直以来都在尝试基础教育领域的改革，这可能跟他个人的教学和研究经历有关。多年前他就应邀审读过中小学教材。一般教材是十年一个周期，要跟着课标走。一旦新课标出来，必然会有新理念、新方法、新要求，新教材也会应运而生。上海前一批的两套教材——《英语》（牛津上海版）和《英语》（新世纪版）都是20世纪90年代末21世纪初编写的，已经很长时间了，有很多内容已经不适合现在的教学实际情况了。至于高中英语教材，在市教委启动教材编写前出版社就请束老师负责修订了，应该是考虑到束老师前期编了不少的教材，比如"新世纪大学英语"系列教材，主编是秦秀白老师，束老师负责《快速阅读》。又比如"新目标大学英语"系列教材，束老师和庄智象老师担任总主编，我也参与了其中《阅读教程》和《中国文化英语教程》的编写，使用者反馈都非常好。我想出版社可能看到了束老师的影响力，了解他对中小学教学情况的关注，知道他前期有编写或者主编教材的经历，所以跟束老师联系，希望他能够负责高中英语教材的修订工作。

束老师跟我们说的时候是在2017年初，希望我们开始做些准备工作，等出版社正式启动我们就可以立刻进入状态。束老师让我们参与教材编写，可能也是考虑到我们有参编大学和中学教材的经验。中学教材是指我们在江苏丹阳的初中英语教改项目中编写的三个年级整套校本教材。当时我们全程跟进教材的使用情况，并加以修订，在这过程中我们也深入了解了中学的英语教学情况，在中学教材编写和使用方面也积累了一些经验。

访谈者：请问您之前是否参加过教材编写或者是修订工作？

王蓓蕾：应该说，不同学段、不同种类的教材编写可能会有一些相通的地方。其实2000年初，我在硕士研究生就读期间参加了冯庆华老师主编的《拓展阅读》中跟健康有关的一册书，编写过程历时很长。我们读书的时候开始编，到2007年才正式出版。我觉得时至今日，选文标准其实并不过时，比如说材料要能够尽量真实、有趣，而且不要有很强的时效性。这些标准是普适的。

研究生毕业之后，束老师开始编写"新世纪大学英语"系列教材的《快速阅读》，编写团队有励哲蔚、李菁和我三人。我们分工选材，一般在假期里集中研讨，确定选文，再分工设计，合作得非常愉快。当时束老师还没有现在这么忙，他会跟我们一起讨论样课，筛选语篇，特别是大家有争议、定夺不下来的时候，他会拍板。每次研讨可能会持续几天到一个星期。选文和框架定下来后，再各自设计题目，然后我们轮流批注，一轮轮修改打磨，再给束老师审读，我们都觉得效率还是挺高的，而且后面反响也都不错。当时是编了八册，从第五册开始，同一个主题会从不同的视角来找选文，以体现思辨性。我个人觉得选文本身是非常重要的一环。而在"新目标大学英语"系列教材《阅读教程》的编写过程中，束老师也让我通读了其他学校负责编写的三册教材，从选文到活动设计做一些协调和反馈。

我还参与了《中国文化英语教程》的编写。在编写过程中，我感受最深的就是束老师的顶层设计和他在中国文化方面的底蕴。每个单元三篇文章，第一篇是介绍性的，比如说儒家思想。他觉得应该让大家了解儒家思想的基本理念是什么，代表人物是谁。第二篇是经典节选，让读者感受原汁原味的中国文化。我们找的是《论语》节选。第三篇是述评类文章，是观点或思想理念的应用。单元的层次和架构非常清楚。除了这个体系的构建，主题的选择也经过了编写团队多轮商量，还征求过大学生的建议。我当时还请学生帮着一起找材料，因为束老师建议从学生视角考虑，要找学生喜欢的材料。虽然很多材料后来没用上，但在此过程中我们看了各种来源的材料，真正了解了学生的需求。而找经典节选的过程需要找中文经典的英译本，还要是英语国家的人翻译的且大家都认同的版本，像《道德经》《孙子兵法》译文版本很多，所以还需要做些文本的比较。

编写过程中我也收获良多。记得当时设计《孙子兵法》活动，为了体现"不战而屈人之兵"的理念，我就找历史上的有名事件，将理论和实践结合，避免枯燥说教。所以编教材的过程就是不断学习的过程：学习新知识，学习新英语，不仅要自己弄懂、用英语表述清楚，还要通过活动设计让教师和学生更好地理解中国传统文化、讲好中国故事。

另外要提一下初中英语校本教材的编写，我觉得当时的编写理念还是蛮新的，在主题和选文等方面都充分考虑了学生的兴趣和需求。前期也做了些调研，分析了《英语》(牛津译林版)(2010)教材。在活动设计上，我们在传承和创新方面也做了些尝试。比如说我编天气单元时选用了天气预报的视频片段，让学生看看国外是怎么报天气预报的。相应的语言输出任务是让学生扮演一个小小天气预报员，将课堂所学与生活联系起来，学以致用。我们当时还编了小对话。选文章的话也是尽量选比较地道的。我记得当时那篇文章好像是关于天气会影响人的心情，现在来看也不过时。另外一个特色是 project 设计，能够和电影片段或其他学生喜欢的内容相结合。当时老师和学生在教材、课堂教学、教学评价等方面做了很多的尝试，非常不容易。在这个过程中，我们从开始策划到编写、审读、试用都全程跟进，还要反馈老师写的教案和反思，整个过程非常辛苦。因为编写这套教材时间非常赶，每次他们开学的时候就要用新的教材，所以开学前的假期基本上都是在编教材、做课程设计和教学评价等，包括学生的学习档案和老师的教学档案等。当然教材这一块肯定是安琳老师最辛苦，她不仅仅做内容的整合，还要做美术设计。虽然那套教材后来没能出版，但我觉得最大的收获是更好地了解了中学的教学实际，因为老师们一边教一边反思，我们一边观课一边给老师的教学日志提供反馈，整整三年，每次用了之后，我们又再做一些修订。一轮轮的历练对于我们后来的教材编写是非常好的准备。

教学改革的过程是曲折的，很多事情当时做的时候觉得有些迷茫和困惑，甚至有时都感觉坚持不下去了，但是大家一起合作、一起想办法就可以慢慢克服困难，往前推进。束老师也经常会给予指导。学校领导也特别支持，非常难得。整个过程中当所有人的劲都往一个方向去使的时候，回过头去看就觉得很多方面是非常受益的。

2010年束老师申报的教育部基础教育成果获得二等奖就是基于这个项目以及束老师前期在基础教育领域所做的工作，包括在基础教育阶段的调研和浦东外国语学校的教改试验。感觉好像一路走过来一直在看不同的风景，在做事情时可能看到的只是眼前的、局部的，不一定那么美好，但是回过头去看就会觉得都是难得的经历。可以说之前的各种经历对我都有或多或少的助益，尽管之前没有想过会编上外版《高中英语》教材，但一步步走下来非常自然。

访谈者：当时是如何确定教材编写团队成员的？

王蓓蕾：教材编写团队主要由高校教师和一线教师组成。高校编写人员主要是束老师来定的。当时编写组的选人要求大的方向肯定首先是语言基本功要好，要有前期编写经验。如果原来研究过教材，或者是对教材编写非常有兴趣，优先考虑。

一线中学老师包括英语基地联系校的楼蕾老师，浦外的沈华老师、刘宝莹老师，还有在前期调研访谈时接触到的特级教师，比如徐继田老师、市教研员汤青老师推荐的何幼平老师，以及在教研活动中认识的王琳艺老师。可以说，编写团队的成员来自各种渠道，有原来合作参加过教材编写的，也有各种机缘巧合之下间接推荐的、主动认识的。不少老师后面都发挥了重要的作用，和高校的教材核心编写组成员一起担任了教材板块负责人。

教学参考资料编写是由核心编写组和一线教师合作完成的，主要请一线教师负责核查答案、提供教学建议和设计教学活动。在编者的选用方面，我们主要考虑教师对新课标的熟悉程度、教学水平、做事风格和区域分布，从而确保在后续的研讨设计中能尽快领悟教材设计理念，根据不同学校学生的需求设计分层教学活动、保质保量完成工作。

访谈者：您作为副主编是如何把控教材编写流程的？

王蓓蕾：教材编写分三个大的阶段：准备阶段、编写阶段和修订阶段。最初是根据出版社的修订节点拟定安排，2018 年 6 月上海市教委正式启动教材编写后是根据市教委的时间节点来安排工作的。

在准备阶段，主要确定编写框架、编写成员、研究教材和选取材料，同时把每个阶段的事情和基本的时间节点大致定下来。2017年 2 月起草了一个非常初步的教材修订方案，主要回答几个问题：突显什么特色，在原来的基础上加什么、减什么、改什么。这个框架基本上定好后再安排具体事情：做什么、哪些人做、什么时候完成。正式编写之前，不仅仅是分析原来的教材，还要撷取同类国内外教材优点、研究国内外课标，也就是束老师所说的科研先导。国际教材专家 Brian Tomlinson 教授的研讨和讲座让我们很受启发，在编写方案的修订过程中我们还咨询了 Rod Ellis、Catherine Watts、唐立行等专家。

以教材分析为例，当时主要请团队成员根据统一要求对原教材的主题和选文做出判断，直接在表格每一项打勾或义。如果觉得不合适要说明原因。我们分析了同类教材里我们觉得合适的内容，研究了新课标里的三大主题：人与自我、人与社会、人与自然。另外我们参考了 OECD 的标准，从 personal、local、national/global 的三维角度进行思考，相当于是双线视角，当时重点考虑如何在每册中均匀分布这些主题。还有，跨学科的学习理念是国际教改的趋势，新课标也非常强调对学生的研究能力和创新能力的培养。教材力求达到的另一个目标是资源要丰富，要有各种相关的多模态资源，这也是束老师一直强调的。教材的必修、选择性必修的体系，模块和单元以及单元板块的名称都经历了不少变化。其中一个原因是课标一直在修订完善，从征求意见稿到正式版，所以教材体系又根据课标做了调整。

2017年除了构建基本体系、分析原有教材外，我还大致梳理了国内外教材的优点，整合了一些教研员和教师代表对教材的建议和需求，并且初步确定了第一次的选文要求和基本框架，然后从主题和选文本身两个视角搜集合适的选文。我们分析下来发现，原有教材的梯度非常好，第一篇和第二篇文章有层次区分。同时，我们请国际知名的教材专家Tomlinson教授审读了该套教材，他首先提出了明确的审读标准并依据标准一一反馈，其中比较大的问题是有些语篇的语言不够真实地道，内容不够cognitively engaging，不能吸引学生，情感上、认知上偏低龄化。因此我们决定先在选文上面下功夫，明确了选文和分类的要求，并采取了两个途径：一个是根据主题搜集选文，要求每个团队成员选取一些主题来推荐。另一个是海选，请大家根据真实性、可读性、趣味性等标准推荐好的选文。出版社2017年7月初召开了一次会议，确定了编写团队核心人员，请了一些专家，比如程晓堂老师，给我们提些建议。之后暑假就开始编样课，但是样课经历了蛮多的曲折和纠结，从主题、选篇到单元。

除了样课编写，当时我们确定了各册教材编写的人员组成和分工合作机制：一个模块，两个单元，由三位老师负责，两位高校老师编写，一位一线老师提供建议。选文初步确定后大家试编试用了第一册的几个单元，也请Tomlinson教授审读反馈，既有整体意见，也有具体建议，我们再根据他的建议修改。到2017年12月份，已经形成了初稿，并发给出版社，后面就这样一轮轮来做。

2018年1月新课标正式出版后，束老师第一时间邀请课标组组长和核心成员，协同市教委教研室联合组织了全国首次大规模的新课标培训。编写组的核心人员和出版社责编都参加了这次培训，为后续在教材中落实课标理念做了很好的铺垫和准备。

2018年6月26日上海市教委正式启动教材编写工作，这时我们已经完成了初步的样课编写，建立了各册主题和基本的框架体系，积累了选文，并请一线教师和学生对选文提供了建议。教材编写也从原来的模块负责制改为单元负责制。2018 年 7 月，市教委组织各学科基地在崇明开封闭会议，请各个编写组逐一汇报进展，各学科专家给我们反馈和建议。所以随后我们对必修的选文做了一个非常大的调整。7 月份连续开了两次大规模的选文会议，此时出版社编辑团队正式介入编写工作。后面针对教材的框架体系又组织了两次封闭研讨。8 月 11 日市教委又让我们去汇报最新样课。很多时候我们都是跟着大的时间节点走，例如应市教委要求汇报最新进展、听取专家的反馈和建议等，我们个人要做的事情可能就是编写和修订，然后就是反复修订。跟团队一起做的事情就是研讨、审读、内部互审和听取专家审读反馈。

2018 年 8 月前后两次封闭会议除了确定从原来的模块负责制转为单元负责制、高校和一线教师的合作分工以及助手分配到册之外，还明确了两个非常重要的教材编写责任机制：分册主编负责制和板块负责制。分册主编统筹协调每册各单元的前后连贯衔接、及时调整并修改目录。板块负责人负责细化明确板块的基本要求、审读和反馈，并先后在 2018 年 9 月和 2018 年 11 月做了两次大规模的审读反馈。在 2018 年 10 月的封闭研讨会上板块负责人还对所负责板块的内容进行了梳理和汇报，提出了后续修改的方向。从 2018 年 9 月开始我们已经形成了基本的教材编写研讨制度，比如说两周一次的例会。当然也会有临时增加的会议，比如说收到外教审读反馈或者是市教委审读反馈、也或者是市教委和教材局召开的教材会议上提出了新的要求。

教材编写的过程中经历了反复的审读、试用和修订。从必修教材到选择性必修教材，每完成一个阶段的编写任务，我们都会组织每册互审、册间互审、主编审读，还会请外面的高校专家、特级教师和教研员审读反馈，比如说何亚男老师和陆跃勤老师。梅德明老师和吴小英老师也全程参与审读，他们也是市教委的教材审读专家，还有其他高校教师和浙江省、江苏省的教研员或特级教师也给我们提供反馈。

教材试用主要以样课试用展示、全市调研和市教委试教试用的形式开展。样课的试用展示是在 2018 年 12 月、2019 年 4 月和市教委教研室共同组织的市级教研活动上进行的。2019 年 3 月到 6 月展开全市范围的教材调研，在每个区的两所学校试用两个单元的材料。3 月 5 日的调研启动会上我给老师们介绍了教材编写的基本理念、反馈原则和基本要求。之后 3 个月基地核心人员和分册主编深入到了各个学校，跟进试用过程和教研活动，请老师提交教案、反思、课堂观察表，每个区最后都形成一个调研报告。这次的调研得到了市、区教研员的大力配合。2019 年 6 月我们还组织了两次座谈，面对面了解老师们对教材的反馈。2019 年 12 月市教委组织了大规模的试教试用，获取了一线师生对教材的反馈。

教材的修订工作则是贯穿始终，从教材编写开始一直处于修订之中。全套教材大规模的修订主要是基于 2019 年 6 月的教材调研、10 月以后上海市教委的两次专家审读、教育部的两次专家审读，以及国内外专家团队的审读反馈。2020 年教材投入使用以后，我们和出版社还在持续跟进教师使用反馈，做好进一步的修订工作。

因此，我认为教材编写首先要确立基本定位，希望编成什么样的材料，同时明确理念、构建各方面的体系，这些都是跟基本体系框架或者方案相关的。然后打磨样课，有了样课，编写者就可以参照。再通过后续的审读、修订、试用、再修订，反复循环。每一年每一个学期每个阶段都需要制定不同类型的编写计划和方案，确定具体的编写、反馈、修订的时间节点，确保任务的顺利完成。

访谈者：上外版《高中英语》的编写过程中有没有什么让您印象深刻的事情？为什么？

王蓓蕾：我觉得印象比较深的一般都是心情的起落。比如 2018 年 7 月在崇明会议上专家们明确提出选文偏难了，对"成功之路"的样课不太满意。当时大家就觉得很受打击。所以后面我们同时打磨两个样课，特别是齐白石那篇选文。束老师觉得有中国特色，能够很好地体现教材新理念。另外一个单元里面有关于屠呦呦的选文，也是有中国特色的，但是屠呦呦这篇文章和齐白石的文章都存在偏难的问题。于是我们选择不同的人所写的关于屠呦呦的文章，但有的语言不够地道，有的不够生动，有的是国外作者的视角或侧重点，也不合适。这就涉及选文怎么磨、怎么改，这个中间就经历了好多个回合。记得7月底封闭研讨的时候束老师考虑到时间紧，就要求我们几位核心编者直接修改。打磨齐白石的样课时，我记得大家分工合作，主要由我和安琳老师，还有钱品品老师三个人负责。安琳老师负责思辨板块，我负责综合运用板块，钱品品老师负责项目探究板块，我们同时还要考虑前后的衔接。在这期间，我们也征求团队中一线老师的意见，例如楼蕾老师，看怎么样的活动好用，还考虑情景设计的真实性、多模态图片的设计等，以期让学生觉得有意思、有可读性。

另外一个印象深刻的样课是选择性必修的一个单元，这个单元在8月底进行了主题替换。当时反复看课标的过程中发现灾难自救这个主题在教材中没有涉及。之前的一个单元大家反馈也不太好，但是已经到8月底了，很快就要送审。这个时候只能请各个板块负责人群策群力，集体来完成这个单元。主课文是田臻老师设计的，文章也是她选的。那个时候群里面天天在讨论哪个视频合适，哪个音频合适，哪篇文章合适，哪个活动能把整个单元串起来，大家齐心协力，克服了各种困难。尽管之前大家很纠结，担心时间来不及。这个样课的编写应该说是创造了一个奇迹。

另外跟样课有关的事情是2018年8月11日华师大开会那次。专家们一边看样课，一边听束老师介绍，然后现场反馈。他们特别肯定我们的新样课。当时送审的是齐白石那个单元，跟现在的最终版还是有点不一样，但是大的框架是一样的。他们觉得这个样课从理念到方案各方面都非常好。我们一下子就有从谷底爬上来的那种感觉，特别受鼓舞。

编写方案也是大家一起赶出来的。8月25到26日，市教委又在奉贤开了一次封闭会议，要求各学科汇报。第一天专家们分学科反馈编写方案和样课。英语学科方面市教委请了区教研员和特级教师，还有市教研员汤青老师。他们非常认同我们的编写方案，提了一些比较好的建议，整整讨论了一天。到了晚上，我和出版社陆轶晖老师突然接到束老师的电话，说第二天要去汇报我们教材的编写情况。据说下午反馈之后，专家们又开过一次会，他们觉得我们的编写方案做得比较好，所以请束老师第二天去汇报。于是晚上大家就准备 PPT，梳理之前我们的编写工作，也基于专家建议更新了一些内容。第二天束老师作为各基地的主编代表上台汇报，大家反馈都非常好。

我觉得很多时候工作时挺辛苦的，但是后面得到大家肯定和认同的时候，就会觉得一切的付出都是值得的。我现在还记得那时束老师去汇报的情景，他并没有描述或渲染崇明会议之后的编写过程，也没有说团队的辛苦和努力，但大家都看到了我们的变化和成果，而且觉得我们团队的不少经验和做法可以让其他教材编写组学习借鉴。所以我觉得很多事情很多时候可能都是这样，吃的这些苦，走的这些弯路是不是值得取决于你是否在做一件有意义的事情。如果是，大家的目标就会比较坚定，在此过程中的一次次肯定也会让大家受鼓舞。

教材通过教育部审定之后，一线老师和教研员对教材的肯定也让我们非常激动。可能很多老师看到了我们在怎么做，一次次的封闭，一次次的修改，知道我们本着一种非常认真的态度做这件事情，这种做事情的风格和态度可能让他们对我们的教材充满了信心，认为我们的教材是有质量保证的。2018 年 8 月 11 日和 26 日会议当天有好消息之后我们就迫不及待地跟编写团队的老师们分享。26 日的会议之后，我们又组织了一次封闭研讨。此后 2019 年和 2020 年的暑假都非常密集地封闭了好几次。每一个假期里，从语篇、语段、活动设计到体例一直在根据最新的专家审读和试教试用反馈不断做调整。2019 年个别单元的选文，包括经济和历史单元的选文还做了替换。每次修改都感觉自己的心更坚定了，自己跟着教材不断成长。很多时候就靠这种信念支撑，而且能和优秀的老师们共同奋战，抱团成长，非常难得。

访谈者：编写过程中其他成员对您产生的影响主要体现在哪些方面？

王蓓蕾：编教材让我更好地了解了高中的教学情况，也结识了一些非常优秀的教研员和一线教师，从他们身上学到了很多。教材编写是一个促进互相了解的过程，比如说我们当时刚开始去做调研，中学老师会觉得你是高校来的，大学老师对中学情况不是那么熟悉和了解。但是在教材编写的过程中我们跟中学老师反复打交道、去听课，不仅看教材上的活动设计能不能用，还看教学参考资料的教学建议和备选活动是不是适用。2019年底，编写组在汤青老师的支持下启动了骨干教师培训项目。通过编写组和各区教研员以及优秀教师的互动研讨，帮助老师们更好地理解教材编写理念，同时请他们丰富我们的教学资源、准备必修教材的课型课例，也为2020年7月的新教材市级培训做准备。

在学生用书、教学参考资料的编写以及教材项目实施的过程中，我们有幸和中学老师深入交流，解释我们教材设计的初衷和理念，讲解每个活动最好以什么样的形式呈现出来。通过交流，他们对课标有了更好的了解，也更认同我们的编写理念。我觉得在这个过程中我也不断地学到一些东西，因为有的老师设计出来的活动是我想不到的、很有创意、符合学生的需求。有些我觉得可以在原有的基础上做得更好，就会提出一些建议，他们都很乐意接受。在这个过程中我看到了优秀教师的智慧，看到他们对教材的再创造。到2020年6月我们和老师们一起打磨了8种课型、16个课例，从不同课型的定位到课型说明、课例和课例解析，这一整套内容都放到出版社的教材平台上面供老师们学习观摩。此外，我们还请了三个学校的老师录制了第一册三个单元的完整教学视频。

我觉得最大的影响是我对上海的高中英语教学有了更深入的了解，也认识了很多老师，包括教研员和一线的老师。从他们身上我学到了很多，特别是他们非常强的行动力。由于疫情，2021的高考延到了7月份，教材市级培训也定在7月份。在这之前我们的课型课例必须制作好，项目要基本完成，所有时间节点都挤在一起。当时参加项目的有好几位高三的老师，他们非常辛苦。我记得陈琼老师当时打磨的课型是新课型——思辨课。好几个晚上我和她，还有安琳老师一起商量怎么样把思辨课设计好；还有姜振骅老师也是负责新课型——说写融合课。我也是跟他讨论了很多次。因为姜老师熟悉课程拍摄的流程，所以请他提前给其他老师做个模板。课型课例的准备时间更为紧迫，但老师们都克服各种困难，保质保量地完成了各项任务。

总体感觉上海的高中老师非常优秀，做事效率高，行动力强，很值得我们学习。刚才说到的陈老师和姜老师没有参加教材编写，他们参加的是教材培训项目。有一些老师是参加学生用书、教学参考资料编写的，比如徐继田老师，他自己看了不少文献，包括语篇相关理论，跟课标也很对接，所以在教学参考资料里面，语篇结构分析是他建议的，希望能帮助老师们更好地解构语篇。至于单元内容与目标以及板块要求的基本内容，我们前后讨论了好多次。另一位教学参考资料副主编何幼平老师对于教学活动的设计非常有经验，有创意。我们中心组在给编写老师们的教学参考资料单元轮流批注时我自己也可以学到他们一些理念和想法，了解他们设计的活动和方式。我觉得这也是一个学习的过程。

另外，编写团队外的专家们也给我们提了不少建议，包括程晓堂老师提的如何体现活动设计的真实性，如何选择和优化教材中的图文关系；Tomlinson教授反复强调的在情感认知方面让学生有共鸣；汤青老师提的如何让课标更好地落地，更好地让教材好用、好理解，等等。新教材投入使用后，2020年秋季学期的"一月一研"活动我也都全程参加了。每次活动主题鲜明，专家讲座和教师主题发言和分享前后关联，体现了上海教研的特色，也给我很大的启发。

现在看来，教材编写让我走进了上海的高中，了解了高中英语教学的现状和成绩，也教会了我如何更好地做事做人。这里要说一下这套教材的主编束老师，他能让大家感觉特别安心。我们很多时候碰到各种困难，会崩溃，会迷茫，比如当我们有一个很好的设想，但人家可能不理解，或是我们内部在不同的方面有些争议，他就会起到特别好的定海神针的作用。大家意见不一致时他总能指点迷津，比如对选择性必修第一册写作板块的直接修改，自评研讨时对不同意见的拍板，对经济单元白皮书的选定……记得当时他还在上外附中当校长，非常忙，所以叫我们提前跟他预约时间，让每一册的主编和责编去他那里一个一个单元汇报修改情况，因为他有时可能没时间来参加我们的例会。所以我觉得他非常不容易，非常有耐心，面对我们的小抱怨、小情绪他也很宽容，在大方向上很好地指引我们怎样更好地处理问题，具有大格局、大视野。教材编写的重要元素，包括编写人员确定、封闭研讨安排等，一般都是他来主导。团队人太多了，我有时候会顾虑大家时间是否方便，研讨会安排是否合适，因为人员有各种情况，有怀孕的，有带小孩的，但束老师都能够从大的方面把握得非常好，合理安排封闭研讨会的时间和进程。事实证明封闭研讨效果很好，大家能坐在一起面对面交流，把难缠的问题、瓶颈的问题在一次次的封闭研讨中反复商量，达成共识，效率还是蛮高的。

访谈者：您参加此次教材编写有哪些收获？最大的收获是什么？为什么？

王蓓蕾：可能是因为性格的关系，其实我不太善于做组织工作。但是如果说明确让我做某件事情，我会尽量地踏踏实实把它做好。这次教材编写的协调工作对我来说还是很具挑战性的。很多时候我会担心各位老师都挺忙的，不好意思去打扰他们，毕竟大部分老师不是专职编教材的。但我后来发现，其实你不去交流就不知道，也许这个老师还挺愿意花时间做这件事情的，或者说他也觉得这是一个学习的机会。所以我觉得从某一方面来说，教材编写对于我的协调能力和沟通能力应该是有比较大的促进。尽管到现在我还不是那种特别主动地去找事情做的人，但是我自己有兴趣的事情，或者是我觉得很有意义的事情，我还是会想着怎样去把它做好。比如说我现在想自己开一门跨学科的课，那我会主动和其他学院的老师联系沟通。那些老师也很好，他们也很愿意一起开课，我就觉得很开心。以前的话我可能会有很多顾虑，会思前想后，但现在我可能在这方面会有些变化。我感觉走出去之后会发现世界其实挺大的，会看到一些更美好的东西，会认识更多可爱的人。这是在跟人打交道方面的一个巨大收获。

另外一个收获体现在做事情上面。我觉得教材编写开拓了我的思路，让我觉得可以做的研究有很多。以前我更多做的是大学阶段的研究。我之前申请的课题基本上都是关于大学的，包括教育部的和学术英语的课题都是跟大学有关的。但是近期国社科的课题是跟高中有关的，这个选题可能与我参编的教材关系不大，但肯定是跟我走进高中是有关系的。在基地做兼职研究员也让我带的研究生有机会走到学校里去做相关研究。所有这些都离不开基地这个平台。

我觉得这些都说明只要我们尽可能做些实实在在的事情，在这个过程中帮到学校，帮到老师，那么或多或少都会有所收获，就能达到共赢。我想这也是所有人都乐见其成的事情。上海市教委建立人文社科基地的目的也就是让高校和中小学合作共赢，一线老师能够在理论研究方面得到高校的支持，而高校的老师则可以更好地了解和研究中小学的教学实践。

访谈者：您是否认同"参与教材编写可以作为教师发展的一种有效方式"这一观点？若是，您认为应该如何推进该方式？为什么？

王蓓蕾：我觉得有机会参编教材对于个人发展肯定是有帮助的，这是教材本身的性质、定位、用途就决定了的，但是这个发展的有效性取决于很多因素，因为专业发展会受各方面因素影响，有个人的，有外界的，有付出的程度，看天时地利人和吧。在个人英语语言能力、英语教学能力、自主学习能力、合作学习能力方面肯定会有比较大的提升，其他方面的能力，包括组织协调能力、管理能力等则取决于教材编写过程中担任的角色。

至于说推广，我觉得就跟教学一样，教无定法，专业发展也有各种的方式，编教材不是唯一的方式。而且我觉得参编教材需要的人也是有限的，不是说谁来都接受，谁愿意参加都可以，选择人员也有标准。如果说能够参编，参加、坚持、付出，肯定是能够有收获的，也许收获不是立竿见影，比如我们现在能看到的就是教材出版，但是其他方面，像论文之类的，可能没有那么快看到收获。但不管怎么说，我觉得认真做一件事情，不管是编教材也好，或者做其他事情也好，肯定是会有收获的，收获的迟和早，或者是什么样方式的收获，我觉得这个都取决于各种因素。

访谈者：能否基于本次教材编写经历谈谈您对未来教材编写的建议？

王蓓蕾：不管编什么教材，都有一些固定的流程。首先教材的定位、原则、理念肯定越清晰越好，这些会影响教材体系的构建。前期要做基础研究工作，就是束老师说的科研先导。不管是同类教材分析、相关论文研究，还是对课标精神的领悟都会影响教材体系、框架或者是方案的构建。高中教材正式启动前我根据前期分析拟了初步体系，包括各册主题、技能策略、单元目标呈现方式等。有了初步的框架，然后再请大家一起打磨，请板块负责人不断细化要求，这样效果会比较好。

其次，我觉得样课很重要，因为一套教材的样课呈现的是教材的基本思路和初步方案，是原则和理念的最直观体现，是能让大家看得到、摸得着的，可以直接推进教材编写工作。有了框架体系和样课，就可以听取国内外专家和一线教师的反馈和建议，就可以不断地改进和完善。

第三是编写人员要包括高校和一线的编者以及外教，需要各方人员的精诚合作和不懈努力。我们在选文和审读环节找了不同的外教，请他们修改、润色和审校，不仅是语言层面的，还有活动设计、逻辑性、文化背景等。外教的视角跟我们不一样，例如国王饼（kings' cake），我们可能仅仅把它看作法国传统糕点，但外教会去关注它的文化起源。因此，如果能够有合适的外教全程参与，配合各种工作，那会是非常理想的。

最后一点，也是最重要的，不管是什么教材，主编是核心人物，他不仅要有各方面能力，还要有凝聚力。束老师既有学术方面的影响力，在视野和理念方面能起到引领作用，又在做事、做人方面让人敬服。

我觉得这四个方面都非常重要，不仅会影响一套教材的定位和标准，也会决定教材的风格和质量。

编写即研究，研究即编写：教材编写的历程、奉献与喜悦

——学生用书编者、教学参考资料副主编徐继田访谈

作者简介

徐继田，上海市宝山区教育学院高中英语教研员，上海市英语特级教师，上海市首批正高级教师，全国模范教师，"语篇分析，深度教学"研究工作室主持人。华东师范大学基础教育特聘教授，上海师范大学校外硕士生导师，上海市英语教育教学研究基地兼职研究员，《上海英语教研》编委。主持撰写供  高师院校使用的教育原理教材《英语教学论》，被审定为"国培教材"；参与《上海市中小学英语课程标准》修订工作，是修订组核心成员。在江苏省工作期间曾被评为"江苏省优秀教育工作者""江苏省333工程培养对象"，名字和业绩被收录于"江苏教育功勋录"中。担任上外版《高中英语》学生用书编者、教学参考资料副主编。

访谈者：您是通过怎样的契机参与到上外版《高中英语》的编写工作中的？

徐继田：2017年5月份，我应教材副主编王蓓蕾老师的邀请参加教材编写工作，成为该套教材的核心作者。学生用书编写工作基本完成后，王老师又邀请我担任配套教学参考资料的副主编，主持日常编写工作。我当时欣然接受邀请，其目的是向专家学习、开阔视野、挑战自我、提升个人专业素养。

访谈者：能否请您简述上外版《高中英语》的编写过程？

徐继田：2017 年 7 月之后我做的工作是选文，搜集单元的编写素材。2018 年 6 月我的任务有些变化，开始撰写教材的编写方案和框架。起初由我一个人写，后来由于时间紧迫，我一个人难以完成，其他老师也加入此项工作。我撰写的初稿完成后，由主编束定芳教授再做修改，最后由王蓓蕾老师整合，形成了最终版的教材编写方案。此后，我还参与了编写说明的审读与修改工作。

教材编写过程中，我负责这套教材的写作板块设计。我研读了国内外相关书籍和文献，初步形成了教材的写作板块编写体系，然后与束教授和王蓓蕾老师协商这套教材安排哪些写作技能与策略，并将这些技能与策略有机地建立起内在联系，力求形成完备的写作体系，例如，这套教材写作策略是从句子到段落再到篇章。此外，该板块还突出了写作过程设计和写作策略指导。为了完善写作技能与策略，我们还编入了概要写作和读后续写策略，强调语篇理解的规约性和语篇生成的创造性。这套教材写作板块设计突显了写作的系统性、过程性、策略性和实用性等。从目前收到的反馈来看，这种编写设计深受一线教师欢迎，这让我们备感欣慰。

除了参编学生用书，我还参与了教学参考资料的编写，负责撰写教学参考资料的编写方案和编写说明，还有各板块的设计与说明。在编写过程中，我与王蓓蕾老师、何幼平老师负责审阅每单元的教学设计稿，工作量很大，每个单元都要经过三人多轮次审阅和修改。由于我还有日常工作，感觉"压力山大"，应接不暇。第一遍审稿反馈后，让编者再修改，编者修改完后，我们还要再审一遍，完成后我们再送给编辑。编辑审好后，我们三人轮流再审，审的过程中遇到棘手问题，我们再商量，再修改。有时我们三人网上共同协商，有时我们也会与编者进行线上和线下研讨。我感觉交流、讨论、协商、修改是这项工作的常态。我所承担的工作大致可以分为以上这么几个阶段，不同的阶段有不同的任务。

在编写过程中，我还推荐了一些人员加入学生用书和教学参考资料的编写队伍，特别是教学参考资料的编写，我推荐得比较多。我认为教学参考资料应该满足一线教师的教学需求，而教研员对一线教师的教学需求、教学现状比较了解，所以我推荐的教研员比较多。在编写过程中，我们倾听他们的呼声，研究他们的建议，集思广益，立足于教学合一的问题解决。为了避免单纯的浅层教学或经验型教学倾向，我们还注重教学理论引介、教学方法引导、外语教学发展趋势把握等方面，帮助编者转变编写理念，提高编写水平。在编写前和编写中，我先后做过五次专题讲座，与编者沟通交流，突出了深度建构的高阶思维设计路径、整体生成的整合路径和融合创生的综合实践活动。通过专题指导和问题研讨等活动，确保了教学参考资料的编写质量。作为副主编，我发挥了正向引导作用。

访谈者：上外版《高中英语》的编写过程中有没有什么让您印象深刻的事情？为什么？

徐继田：令我印象深刻的事情很多。在具体工作方面，教材的选材工作给我留下了深刻印象。一是获取素材途径受限，难以获取理想的素材。我认为素材是影响教材编写质量的重要因素，好的教材首先要内容生动，语言衔接，意义连贯，内涵丰富，语篇具有信息性、情境性、意向性、教育性、互文性等语篇特征。因此，搜集素材是一个极具挑战性的工作。为此，我专门乘车到外文书店和上海图书馆翻阅一些国外教材。我看完以后发现这些教材除了具有上述特点之外，还能密切联系学生生活，这一点给我留下深刻印象。

其次，国外教材中的文章多以反映社会、文化与生活的语篇为主，因此这些教材使用寿命长，无论你何时阅读，这些文章都不会产生滞后或不合时宜之感，他们的选材不过度关注时代性。我们原来教材中的语篇注重时代性，编入了与时俱进的内容。比如原来的教材编入了新闻，时效性过强，因此其使用时间有限。如何能让我们编写的教材成为"不朽之作"成为我选材的重要标准。在选材研讨会上，我分享了我的建议，即摒弃时代特征过于明显的材料。我认为时代特征可以是某种社会现象，比如社会发展进步等方面的内容，而且材料内容应具有典型性，探讨的问题具有普适性和前瞻性等。

此外，国外教材的另一个特点是各板块的内容关联性强，从教材的课文到活动设计，注重内容与语法、词汇的融合，各项技能培养均与语篇内容关联，整个单元呈现出了整合性、融合性和逻辑性等特点。当前，我们国内教材编写也朝着这个方向努力，但是总体感觉单元内部虽有关联，但关联度不密切，有若即若离之感，这是我们在编写教材中要着力解决的问题。另外一种情况是，国外教材语言表达地道、规范。以上是我查阅一些国外教材给我留下的深刻印象，这对我此后的编写与审阅产生了积极影响。

在编写中，根据阶段任务我还查阅了大量文献资料。其中有一篇论文打动了我，是关于教材编写队伍的构成问题。该文的观点是，英语教材编写队伍一定要有一定数量的国外专家，其理由是，英语不是我们的母语，中国人编教材就会遇到语言表达上的问题，语言的地道或者规范对编者而言是挑战。我们的编写团队由国内外知名专家、大学教授、教研员和一线优秀教师组成，编写人员构成合理。但是，我认为我们的国外专家偏少，这样就会造成审阅与反馈的周期时间过长，反馈不够及时。所以，教材编写的专家队伍应该占有恰当比例，而不能仅仅是为数不多的一两个国外专家，因为编写工作面广且量大、涉及的问题多种多样。我们的编写团队还邀请了国内知名专家，他们是北京师范大学的程晓堂教授和湖南大学的刘正光教授，他们对教材编写都提出了建设性建议，审阅了教材。但同样的问题是国内专家也较少，这样不利于建立一个高效的编写共同体。

对教材编写团队而言，我认为要对教材编者做专业培训，包括教材体系建构、科学选材、活动设计等。我认为，懂英语并不意味着能编英语教材，编者要有英语课程论、学习论和教学论方面的知识作为支撑，否则编者会心有余而力不足，即会产生力不从心的困惑，这一点也让我记忆犹新。

我认为，我们这套教材的编写方案、框架有优势。我们的优势是注重了教与学的策略，包括发展学生听、说、读、看、写技能的策略，尤其是将语言学研究的成果融入教材中，如情景教学法、语类教学法、内容与语言融合式教学法和语篇分析等。我看过一些其他版本的教学参考资料，也与我们的教学参考资料做了比较，感觉我们的主要优势是方法渗透，体现了当今的教学理念和教学方法；此外，设计的活动具有选择性，考虑了不同层次学生的语言水平和教师教学需求。印象最深刻的是，我们设计案例，建构样课，样课数易其稿，这令人难以忘怀。

还有，我们在教学参考资料编写上也有突破，就是采用国际上流行、国内大学英语编写也采取的合页编写方式，就是把学生用书的内容和教学参考资料的内容有机匹配，方便教师使用，真正成为教师友好型的教学参考资料。此外，教学参考资料还有一个有别于其他版本的地方，就是里面增加了补充阅读内容，这是束教授的建议。这主要满足学有余力的学生的需求，也有利于教师补充单元教学选文。与其他版本教学参考资料相比，这也是我们教学参考资料的优势。

在个人感受方面，印象颇深的就是编写工作的辛苦。教学参考资料和学生用书的编写都经过了无数次循环，从查阅资料、选资料，再到改编，然后到编写、审阅，其间经历的修改次数我已经记不清楚了。我感觉编教材是一种无法用时间和精力来计算的脑力劳动。教材编写方案的制定正值夏天。暑假期间，我关在办公室里面连续写了大约两周。每天一早到办公室，回到家的时间大概是晚上十一二点，到家后还要继续工作。撰写教学参考资料的编写方案与说明时，由于时间紧，我一般工作到凌晨一两点钟，所以我觉得非常辛苦。特别是冬天，也常常要工作到凌晨一两点钟，尽管家里面开空调，腿却是冰冷的，甚至睡下之后一个小时还感到是冰凉的，最后导致我骨质增生。大约历时两个月，我感到行走困难。应该说，我对教材编写工作，尽心尽责。许多人说，你都是正高级了，不需要那么拼。这的确是奉献。我觉得在我的职业生涯中能参与这样一项意义重大的任务，非常值得。虽然辛苦，但是也感觉到了经历与成长的快乐。

再一个令我印象深刻的是，参编学生用书和教学参考资料对我的专业提升是非常有益的。因为这段经历让我系统地认识了课程标准，如核心素养的四个维度（语言能力、文化意识、思维品质和学习能力）；课程的三个类型（必修课、选择性必修和选修）；课程内容（主题语境、语篇类型、语言知识、文化知识、语言技能、学习策略）；课程实施（主题引领、六要素整合、英语学习活动）；课程评价（学业质量水平一、二、三）等。第二，还让我反思了以往教材编写体系中的一些问题。

此外，我具体负责的板块是写作，这促使我研读了国外写作的原著和文献。我仔细地阅读了三四本有影响的国外原著，从中汲取了不少营养，又结合中国国情以及束教授和王蓓蕾老师的意见，形成了教材写作系统。其中充分融入了语篇类型，包括语篇目的、语篇必选成分和可选成分、语篇模式等语篇知识。写作训练关注过程，注重写作策略指导，同时还增加了"概要写作"和"读后续写"训练的形式。纵观整个写作板块设计，其鲜明的特色主要体现在，一是操作性，有利于教师的写作教学设计；二是专业性，有利于教师指导学生写作实践；三是引领性，着眼于教师的专业发展和教学执行力。

访谈者：请问您之前是否参加过教材编写或者是修订工作？

徐继田：之前我应邀参加过南京晓庄学院组织编写的《学科教学论》，主持撰写了《英语教学论》，该书是高师院校本科教材，属于教育原理应用丛书。此后该书被教育部评为"国培教材"和市级培训课程教材。我还担任该教材的主讲，在上海和全国各地培训中学英语教师。

访谈者：您是否认为自己的某些经历或者特长助力了您的教材编写？

徐继田：我当时接受这一工作主要出于以下几种考虑：

一，我了解一线教师的教学需求和教师对教材的诉求。2015年，我主持了由上海市教委教研室组织的《英语》（新世纪版）高中教材使用意见征集工作。此项工作历时一年。根据此项工作要求，我整理了收集的数据、使用意见与教材修改建议，并撰写了教材使用征集意见报告。

二，我初步掌握了教材评价的标准。2017年应市教委教研室的邀请，担任上海《英语》(新世纪版)高中教材评价专家和科研课题主持人，形成教材评价报告，并撰写了教材编写的科研论文。

三，我熟悉《普通高中英语课程标准(2017版2020年修订)》。2012年我应邀承担《上海市中小学英语课程标准》修订工作，是修订组核心成员。2017年8月上海市特级教师协会承担教育部各学科课程标准的审读工作。我应上海市特级教师协会的邀请，单独审读了教育部《普通高中英语课程标准(征求意见稿)》，并撰写了评价意见。

基于上述原因，我接受了编写教材的挑战。

访谈者：参编过程中，您与编写组其他成员的互动交流所产生的影响主要体现在哪些方面？

徐继田：关于教材，在编写之初我向编写组其他成员介绍了一线教师对原来教材的反馈意见、教师使用原来教材教学的实际状况，以及一线教师和我对新编教材的诉求。这一互动交流使编写组其他成员明确了新教材应该坚持什么、改进什么和增加什么，如词汇部分，新版教材保留了原来基于阅读课文概要的词汇巩固练习；对于语法部分，新教材将原来的句子呈现方式改为语篇；新教材增加了读与写技能的学习策略等。在审读教材的环节，有时我认为某个单元语篇的来源不可靠，主编、副主编和该单元的编者会采纳我的意见。编者又重新选材，并调整了与课文相关的板块内容。有关写作策略，我坚持将语篇模式编入其中，这也得到编写组其他成员认同，最终语篇模式隐形地贯穿整个写作板块，显性地呈现在选择性必修教材第四册"概要写作"和"读后续写"之中。

关于教学参考资料，我前期研读了相关参考书，向王蓓蕾老师和编写组其他成员介绍了主流的编写呈现形式，并提出了教学参考资料的编写建议。编写工作启动后，我和另外两位老师，王蓓蕾老师和何幼平老师，制定编写要求，共同设计与修改样课，并听取束教授的改进建议。有关教学参考资料的编写体系，我主要负责撰写"单元教学内容与目标"，将课程目标分解到单元，再由单元细化到板块。目标设计注重学生学习后的行为与表现，力求目标具体、可检测、可操作、可达成等，旨在发展学生的学力。此外，我还撰写了样课中的"语篇分析"部分、语法教学案例以及教学参考资料板块说明，这些对编写组其他成员起到了引导作用，也有利于教学范式的转型，因此也受到一线教师的欢迎。现在出版发行的教学参考资料是我和编写组其他成员集体智慧的结晶。

访谈者：您参加此次教材编写有哪些收获？最大的收获是什么？为什么？

徐继田：教材编写首先使我深刻认识到，编教材就是奉献。它是一项浩瀚的工程，工作量之大超出了我原来的想象，从选材到编写，再到审读与修改，这些具体工作均需要投入大量的时间与精力，缺乏奉献精神是无法编写出优质教材的。

其次，教材编写是一项专业性很强的工作，它涉及课程论、教学论和学习论等方面的专业知识，因此懂英语并不意味能编教材。此次教材编写加深了我对课程的认识。根据课程原理，课程一般包含课程目的、课程目标、课程内容、教学方式、实施场域和效果评价六大核心要素。我理解了美国后现代主义课程理论专家多尔的 3S 课程观和 4R 课程标准。3S 课程观是指课程需要将科学（Science）的理性和逻辑、故事（Story）的想象力和文化，以及精神（Spirit）的感觉和创造性结合起来。4R 标准是指课程的丰富性（Rich）、回归性（Recursive）、关联性（Relational）和严密性（Rigorous）。此外，我还学习了我国学者张楚廷的课程"五 I"构想，它包括信息（Information）、兴趣（Interest）、质疑（Inquiry）、直觉（Intuition）和智慧（Intelligence）。

第三，有关如何确定语篇难易程度，我学会了使用"篇章易读性检测工具"，改变了我原来凭感觉选文的倾向，增加了选文的科学性。

关于教学参考资料编写，我的收获是将语篇分析理论应用于教学实践。根据语篇特性设计语篇理解、视、听、说、词汇与语法等教学活动。这些语篇特性包括衔接（cohesion）、连贯（coherence）、意向性（intentionality）、情境性（situationality）、信息性（informativity）、可接受性（acceptability）和互文性（intertextuality）。根据语篇结构设计口语与写作教学活动。语篇结构主要涉及了语类结构、语篇模式和修辞结构。实践表明，语篇分析理论有助于语篇知识转化为语篇能力，即由陈述性知识转化为程序性知识。其次，教学参考资料融入内容与语言融合式教学法、语类教学法、任务型教学法和输出导向法等当今倡导的主流教学方法；教学活动与教学建议体现了深度学习、发现学习、有意义接受学习、探究学习等学习方式，这样有利于帮助教师提高学生的真实性学力，促进学生知识建构、知识功能化和知识素养化。

此外，我还写了两篇论文，分别涉及学生用书和教学参考资料。一篇是我独立撰写的，题目是《基于语篇，以读促写，提升思维品质与写作能力——上外版〈高中英语〉写作板块特色与使用建议》。这篇文章的撰写使我对教材有了更清晰的认识。编写之中感性的成分较多，写出了文章之后，就感觉理性的认识多于感性了。第二篇文章是《理论驱动 分层拓展 服务教学——上外版〈高中英语〉教学参考资料的编制原则与使用建议》。此文章是由王蓓蕾老师、何幼平老师和我合作而成的，我主要负责论文的提要、引言、指导思想、编制目标、编制理念与原则部分，大约 12000 多字。这两篇论文束定芳教授和王雪梅教授也审读过，并提出了修改意见。这篇文章使我真正意义上明确了教学参考资料该如何编写，教学参考资料的编写应该涉及哪些主要内容，所以我认为，编写是初步体验，而凝练成论文使我对一些问题的认识更深刻、更全面。论文写作是专业提升的必由之路，或者是一个有效途径。总体而言，编写教材丰富了我的人生经历，加深了我对教材的认识，使我能更准确地把握教材编写体系，更充分地发挥教学参考资料的功能。

在编写工作中，我还发表了另外两篇论文，题目分别是《基于语篇分析的读后输出设计》和《基于语篇分析的思维可视化英语教学策略行动研究》。这两篇论文也是基于教材的编写问题提出的可行性教学解决方案。

就我个人而言，此次编写收获颇多，其中最大收获是，我的一些编写理念、编写策略融入了教材之中。

访谈者：您是否认同"参与教材编写可以作为教师发展的一种有效方式"这一观点？若是，您认为应该如何推进该方式？为什么？

徐继田：我赞同这一观点。参编教材可以提高教师专业素养。提升教师专业素养是教师专业发展的目标。学界认为教师专业素养包括专业特质、专业知识和专业能力三个维度，具体指向教育信念、教学模式与理论、教师领导力，其实施路径分为理论学习、案例分析、实践体验和反思提升。具体而言，理论学习关涉教学信念、教学理论、教师领导力有关的经典性、前沿性理论。案例分析涉及国内外优秀教师和自身教学案例的对比分析，旨在理解相关理论，构建理想的实现路径。实践体验是将理论学习和案例分析所掌握的核心知识和形成的横贯能力迁移到实践中，改进教学实践。反思提升就是面向未来，审视理论与实践的一致性，使理论与实践有机统一。

依据教师专业素养的三个维度、实施路径与具体内容，结合教材编写要求，教师专业发展的推进可以考虑以下方式：

方式一：理论学习。它具体包括研读国家课程纲要和课程标准。研读国家课程纲要，树立培养全人的教育信念和服务国家的职业信念；研读国家课程标准，学习课程论、语言学理论、教学理论。就我个人而言，在编写准备和编写过程中，我深入学习了《普通高中英语课程标准（2017版2020年修订）》、该课标的两个解读版本以及制定课标的理论依据，如系统功能语言学、语用学、语义学、语料库语言学、认知语言学等专业书籍和文献。可以说编写工作促进了我的理论学习。

方式二：样课分析。它具体包括设计样课—研讨样课—修改样课三个环节。教材具体编写始于样课。样课的构想需要编者考虑课程标准的要求，样课的建构涉及理论模型、框架和相关策略。研讨样课需要编者运用相关的教育理论和其他编者的构想对照分析。修改样课要在对比分析的基础上，探索实现路径，改进与完善样课的设计，供其他编者借鉴与参考。由于编者的背景、经历、研究领域等方面存在差异，大家往往各抒己见。在此过程中我倾听其他编写成员的真知灼见，获益匪浅。

方式三：教材实验。它涉及选择实验学校—教学设计—课堂教学—教学研讨—实验数据收集—实验研讨会—撰写实验报告等环节。作为编者，除课堂教学以外，我参与了教材实验的全过程。从理论与实践、设计与教学、经验与反思、数据与证据等方面，我都综合思考，撰写实验报告，并提出了调整教材的设想。在教材实验的过程中，编写学生用书和教学参考资料的横贯能力有所发展，即学生用书各个板块的关联，教学参考资料与学生用书的贯通。

方式四：反思提升。它具体包括某个板块编写的反思、板块之间关系的反思和改进提升的重点等。反思的关键在于，面向未来，检视理论与实践的统一性。对我而言，无论学生用书还是教学参考资料的编写，这种反思贯穿编写的全过程，尤其是我撰写了有关学生用书与教学参考资料的论文和教学参考资料的板块说明后，我的反思更深入、更具体，促进了理论与实践的有机融合、互联互通。

访谈者：能否基于本次教材编写经历谈谈您对未来教材编写的建议？

徐继田：回想我个人的编写经历，我对未来教材编写有如下建议：

首先，组建构成合理的教材编写队伍，形成高效与专业的共同体。根据英语教材编写的特点，编写人员应包括国内外知名的教材编写专家、高校教师、教研员、中学优秀教师和出版社编辑，尤其要适当提高国内外知名专家占有比例。由于高校教师、教研员和中学优秀教师是兼职，因此教材编写队伍的主体应该是出版社的编辑人员，这样既有利于建构科学的教材编写体系，又有助于素材的改编、编写、审阅、校对工作的高效运行。

其次，开展编写人员的专业培训。教材编写具有专业性强、政治要求高等特点，因此对编写人员需要进行教材编写培训。培训内容应涉及课程论、教学论、学习论、课标解读、选材标准、编写策略等与教材编写相关的核心知识，提升编写人员的编写执行力。

三是明确选材标准，提供选材资源。有关选材的共识是，选材做好了，就相当于教材编写工作完成了一半。从选材的宏观角度而言，文本应具有科学性、教育性和教学性。选材的微观分析涉及教育学和心理学，主要审视文本中的知识与经验是否符合学习者的水平。基于社会学视角，主要探讨文本的意识形态，如族群、地域、宗教等。立足于文化视角，检视文本内容的文化特性与价值观念。从语篇特性出发，主要分析语篇的衔接、连贯、意向性、语境性、信息性、可接受性和互文性。此外，选材还应关注语篇类型、文体特征、语言特征等方面。有关选材资源，出版社可以与国际出版社合作，扩大选择范围，为编者提供丰富的选材资源，以缩短编者寻找素材的时间，让兼职编者把有限的时间放到编写上，而不是一味地在寻找素材。

四是秉持"国家标准，世界水平"的编写理念。教材编写的依据是国家课程标准，它建构的是理想的课程，把理想的课程转化为创建的课程的途径是教材编写。这需要编者研读课程标准，对标课程标准，同时还要借鉴国际优秀教材编写的成功路径，以编写出世界水平的教材作为编者的最高追求。这需要编者坚持"国际视野，本土行动"的理念，追踪国际教材编写发展趋势与学术前沿，研究教材的发展动态，注重教材的生成性与互动性。

以上建议有失偏颇之处，敬请海涵。

精益求精，合力迎挑战

——学生用书板块负责人、教学参考资料副主编何幼平访谈

作者简介

何幼平，中学高级教师，毕业于复旦大学外语系，曾就职于复旦大学附属中学。曾被评为全国中小学外语优秀教师，曾获杨浦区教学大奖赛一等奖、浦东新区带教青年教师优秀指导奖等各类奖项，曾被评、聘为区学科导师、学科带头人、区"课程教材教学研究中心专业组成员"、高级职称评审委员会委员等。曾担任过上海教育电视台 26 频道的英语主讲老师。主编、参编各类书籍、词典及发表论文达数百万字，近二十本。担任上外版《高中英语》学生用书板块负责人、教学参考资料副主编。

访谈者：您是通过怎样的契机参与到上外版《高中英语》的编写工作中的？

何幼平：记得是在 2018 年，那个时候教材编写组应该已经成立了。有一天，我接到了教材副主编王蓓蕾老师的电话，她说经上海市教委教研室汤青老师推荐，邀请我加入上外版《高中英语》教材的编写团队。

其实开始我稍有些犹豫的。尽管自退休后，我一直没离开过教学岗位。退休之初我一直在本校，也就是被返聘到复旦附中工作；后来浦东复旦附中分校成立了，我们刚退休的几位本部的教研组长就被聘到这所新学校，支持新学校的教学，包括引领、带教等

工作，一直干到现在。当接到王蓓蕾老师的电话邀请时，我有点犹豫，因为我曾经历过类似教材、教程的编写，知道一旦接手后，这个过程需要投入的精力、时间会很多，所承受的压力、脑力消耗等太大了，一定会非常辛苦。另外，我是退休的教师，不需要评职称，没有任何"功利性"的好处。

后来我又怎么答应了呢？第一，在与王蓓蕾老师很长的电话交流中，她的那种执着和对这套教材编写的自信以及希望我加入编写团队的真诚态度真的打动到了我；第二，我一辈子都在高中英语教学的第一线，包括退休后也一直没有离开过教学岗位，从内心来讲这份热情似乎还没有减退；第三，王老师也介绍了我们这套教材是由著名的束定芳教授领衔，团队里又有不少来自于高等学府的大学教授及英语界资深的名师。最后，我就抱着试试看的心情参加了在外教社召开的第一次会议，当时我被分到了必修第三册的团队。我们在学生用书分册主编钱晶晶老师的带领下开始从收集素材、讨论、选材，再到试编样课等一点点进入状态。再后来我又参加了在崇明举行的封闭研讨，通过大会、小会，一次次近距离的讨论和沟通，与编写团队一起分享交流、思维碰撞等经历，在短短的几天里我感受到了整个编写团队老师们对编写这套教材的信心及热情，于是我就决定留下来参与这套教材的编写。后来我被安排负责视听版块，这可能是因为我曾主编了一本听说辅导书，该书已被收录进卡西欧英语电子词典。

当学生用书有了雏形后，教材编写组让我作为副主编之一，与王蓓蕾老师、徐继田老师一起负责7册的教学参考资料的编写。以上就是我怎样参与到上外版《高中英语》的编写工作的大致过程。

访谈者：上外版《高中英语》的编写过程中有没有什么让您印象深刻的事情？为什么？

何幼平：回想起这几年在编写过程中与大家的合作经历，无论是在与高校老师，还是在与中学的教研员或一线老师的交流沟通中，感人或印象深刻的事情真是不少。总的来说，整个团队的精诚合作、严谨务实、一丝不苟、执着敬业的态度以及对教材编写全心投入的案例举不胜举。

记不清有多少次深夜超过 12 点以后与王蓓蕾老师、徐继田老师，还有其他几位编者进行微信、电话沟通交流。尤其是担任教学参考资料各分册主编的几位老师由于白天忙于自己的工作，许多关于教学参考资料的讨论经常安排在晚上。电话会议长达几个小时直至半夜，那是常有的事了。记得有一次接近凌晨 2 点我还收到过沈华老师通过微信传来的文件。还有半夜 1 点后也会经常收到沈冬梅、王凌珏等老师的文件。所以，我在想，为了这套教材，可以说团队的许多老师都在"拼命"地这样不分昼夜地工作。记得有一段时期王琳艺老师简直要"崩溃"了。她家中父母年迈，需要照顾，自己学校的工作又十分繁忙。那时我们的编写任务时间很紧，她负责的教学参考资料分册的初稿我们又催着她尽快交出。由于过度疲劳，她身体累垮了，病倒了。尽管这样，她还是尽力带病赶出了稿件。

另外，在编写学生用书的过程中，我们分册有个交流群，我们在群里讨论各种细节问题，如某个单元里出现的 would 究竟是情态动词还是助动词；在某个场景中究竟用 a day 还是 one day，我们都会在群里各抒己见，热烈讨论。有些表达法因为在语料库里都存在，我们也要看哪个使用频率高。为了一个小小的问题，我们会在群聊里讨论很长时间，并各自拿出依据，直到最后达成一致。哪怕一个小小的标点符号、大小写、冠词，大家都格外关注。可见，大家对待教材的严谨几乎到了极致。

这类故事在我们教学参考资料的编写团队里也是习以为常了。还记得在必修第一册教学参考资料第一单元的样课打磨过程中，分册主编王宏年老师与各板块负责人对样课的修订精益求精，前前后后修改了至少十几稿。曾为了一个备选活动的合理性，大家争论得面红耳赤，目的就是为了尽可能把最好的活动设计呈现在教学参考资料里。

访谈者：请问您之前是否参加过教材编写或者是修订工作？

何幼平：我在职的时候，主编或参编过一些书籍，如主编过复旦附中的英语校本教材，以及《英语泛读》（由复旦大学出版社出版）；也参加过编写《初高中英语考点难点详解词典》（由黑龙江人民出版社出版）。退休以后，还主编了一本类似指导高考口试的书籍，由上外音像出版社出版。至于其他一些教辅类的指导书就更多了，所以，有过类似的经历也养成了我审读、编写中的保持细心的习惯吧！

访谈者：您是否认为自己的某些经历或者特长助力了您的教材编写？

何幼平：应该有吧。我曾作为 visiting scholar 被公派去美国访学，进修一年，后来又两次被派往英国进修，这些经历肯定让我在专业上得到了一定的提升。

另外，我长期担任复旦附中的英语教研组长，直到退休。复旦附中是一所名校，在这里教研组长需要引领组内的老师们进行一些课题研究，带领组内老师参加校本教材、教辅等的编写。在这过程中，我作为当时的主编，需要做审读、批注、修订等工作，这就使我养成了对待稿件的严谨态度。

当然，在我教学生涯中，我们学校如有青年教师参加各类教学大奖赛，我作为组长一定会与他们一起讨论课型、参与设计、磨课并给予指导。我和带教的徒弟经常一起讨论。通过思维碰撞，我也收益良多，也算是教学相长。我的徒弟周嘉悦（现在复旦附中任教）曾获得过上海市中青年教师教学大奖赛一等奖。此外，我退休后在分校带教的江来（现在华二任教）获得过全国教学一等奖、上海市一等奖。袁李瑶（现在浦东复旦附中分校任教），由我推荐也成为了我们上外版《高中英语》教材编写团队里年纪最小的编者。

我想，以上这些经历应该或多或少助力了我的教材编写工作。

访谈者：您参加此次教材编写有哪些收获？最大的收获是什么？为什么？

何幼平：收获肯定有啊！收获多少其实取决于你付出多少。虽然过程很辛苦，但付出了，就是一种收获，都是个人的财富！对我来说，与这些外语界的精英在一起工作，真的让我感到有必要"活到老，学到老"。这种学术氛围确实让我受益匪浅，让我真切感受到大家严谨踏实的工作态度、渊博的专业知识和先进的教学理念。束定芳教授的"大将风范"让我很佩服。他的每次发言，站得高，看得远。有了他这位掌舵人，让我们在编写过程中对于理解课标要求，对于各类选材的定位和把控都会更有自信，不会偏离方向。王蓓蕾老师作为学生用书的副主编，在这几年当中，全身心地投入编写工作中。她身上流露出的认真与执着深深地打动了我。徐继田老师将教学理念与一线教学实践相结合，往往能够给出独树一帜的见解，为教学参考资料的编写指点迷津。

要说最大的收获，大概至少有四点：1）阅读了许多精彩的选文。尽管由于考虑到难易度、话题的多样性等各类因素，许多好文暂时没有收录进教材，但我们在海选时有机会接触到了原汁原味的、题材丰富的材料，开阔了眼界，也为自己的日常教学积累了资源。2）通过编写学生用书及教学参考资料，我的电脑文档编辑技术提高了不少，也能与时俱进。譬如，先前我一直以为 PDF 文件是不能编辑的，但进了编写团队，学会了利用软件对 PDF 文件进行编辑。3）在教材编写实践中，切实感受到了现代科技如何走入课堂。比如，外教社的 K12 网站、TOP 课件等这些现代化的工具让英语课堂变得更加丰富多彩。4）通过参加教材编写，我在设计课堂教学活动时，思路更加开阔了，对于课标也有了进一步的认识。

访谈者：您是否认同"参与教材编写可以作为教师发展的一种有效方式"这一观点？若是，您认为应该如何推进该方式？为什么？

何幼平：关于这个问题，我是这么看的。从理论上来说，参与教材编写可以作为教师发展的一种很好的有效方式，但要知道不是很多教师都有这种机会，不是人人都有能力来参与教材编写。

首先，参与编写的老师应该要具备比较扎实的专业知识，要有一定的学识储备与积累，也要有一定的教学或科研的相关经历与能力。当然，最重要的是要有严谨的工作态度和合作精神，毕竟编写教材是团队合作模式。在合作过程中，需要互相沟通，因为在工作中经常会碰到一些学术观点上的意见不一致，如果大家在沟通上比较顺畅，就比较有利于工作的顺利开展。

如果教师能有机会参与教材编写，那一定是终身受益的，特别对教师专业的发展一定是非常有益的。拿我的徒弟袁李瑶举例吧，她在我的推荐下加入了编写团队，经过这两年的磨炼，现在的眼界就不一样了，课堂教学设计的起点也拔高了很多。所以，我认为参与教材编写对教师，特别是对青年教师的专业发展来说，一定会终身受益。

那么，我们在推进这一方式的时候应该尽量做到：1) 先储备一支有学术实力的优秀中青年教师队伍，包括高校教师、中学教师和教研员。2) 需要对这支队伍进行一定的培训，包括理论与实践的培训。3) 提供机会让储备队伍就板块从选材到活动进行模拟设计。我想这可能算是一种有效的推进模式。

访谈者：能否基于本次教材编写经历谈谈您对未来教材编写的建议？

何幼平：上外版《高中英语》教材的编写在束定芳主编的引领下，在副主编王蓓蕾老师的策划下，在全体参与人员，包括出版社的编辑等的努力下已圆满完工。但现在回过头来反思一下，如果要问我有什么建议的话，我可能会说：如有可能，在未来的教材编写中，可以在容量上进行合理的、严格的控制。因为我们发现，在第一年的教材使用中，大多数学校都反映来不及上完单元内容。因为容量太大，无法把每个板块都 cover 到。有的板块设计得很好，但也只能"忍痛割爱"。

学习与反思并进，磨炼与突破同行
——练习部分副主编潘鸣威访谈

作者简介

潘鸣威，上海市曙光学者，上海外国语大学教授、博士生导师，上海市英语教育教学研究基地专职研究员。研究领域主要包括语言测试、大规模考试开发等。兼任亚洲语言测试学会常务理事兼中国区代表，全国高等学校英语专业四、八级考试专家组副组长，教育部考试中心兼职研究员，上海市外文学会理事，上海市教育考试院高考专家委员会委员等。担任上外版《高中英语》练习部分副主编。

访谈者： 能否请您简述上外版《高中英语》练习部分的编写过程？

潘鸣威： 练习部分的编写相对滞后于上外版《高中英语》学生用书。大概是在 2019 年的 7 月初，暑假还没有正式开始时，练习部分编写组召开第一次编写会议，明确了编写任务。当时，上外版《高中英语》学生用书的主编及分册主编等都参加了这次会议。

上外版《高中英语》练习部分的编写可分成四个阶段。

第一个阶段是熟悉课标。从编写的操作角度而言，我们的指导思想之一就是不急于动笔，先确定编写理念和找材料。当然，最主要还是组织编者开展新课标的学习。这个学习的主要目的是更新编者的一些旧的观念。从我们前期的调研来看，不管是新世纪版还是牛津版教材，一线教师基本不使用配套练习部分。我们编写组老师给我的反馈也证实了这点。因此我们就在思考，在推行新教材的时候，如何真正把配套的练习部分也能落地，能够真正进入到课堂、或者进入到衍生的第二课堂当中去。所以，当时第一个阶段非常重要的一个环节就是对于新课标的学习。

第二个阶段是样课设计。样课设计总的来说是由我先起草框架，再经过多轮讨论来共同完成的。在这个过程中，就分册主编的反馈而言，他们起初更倾向于使用传统题型，甚至是机械操练题型作为练习的呈现方式。但最终，我们的共识是这必须改良，因为我们平时做的练习不完全是考试，更不是高考。因此，这个阶段的打磨相比第一个阶段要久一些，前前后后改了好多轮，比如要考虑如何构建整体框架，框架如何形成梯度和坡度，如何做到册内、跨册间的相互照应和衔接等等。第二个阶段最后一件事情就是把每个分册当中的一个单元以一个样课的形式呈现出来。

第三个阶段是练习编写。我们按照市教委的要求和既定进度往前推进。一开始，市教委是要求 7 册练习部分全部一起送审。即在 2019 年年底，我们要完成所有送审稿。但由于疫情，第三个阶段的编写工作被拆分成了一个个小阶段，即不同分册分批送审。这个过程中比较多的工作集中在每单元以及分册练习内容的编写和打磨上。

当然，第四个阶段还没到来，可能在不久的将来，会进入修改过程。因为学生用书与练习部分不一样，教材的话，教育部审定之后就可使用，但练习部分因为分批审定，我们会不断收到各类反馈，包括一线老师、学生，甚至家长的一些反馈。因此，第四个阶段持续时间会更久，也就是把整个编写过程形成了一个闭环。

访谈者：请问您是如何组织编写团队的？

潘鸣威：从组织团队的角度来讲，主要是分册主编责任制。我是统筹所有分册的编写，需要从各方面兼顾不同册与册之间的有效衔接；每个分册是由分册主编来把控。所以，编写过程中，大家先有一些东西写出来，然后再通过好几轮的封闭研讨进行磨题。在整个磨题过程中，我们还会进一步地去看新课标和新教材，然后来看我们的任务设计是否符合教材当中的内容以及课标当中的相关要求。

涉及具体的编写成员的遴选，我会考虑几个因素。第一要考虑区域平衡，这可能对我来说是一个首要考量的因素。基于这一点，我与上海市绝大部分区的教研员老师沟通，请他们参与到这项工作中。第二个考量是编者的业务能力，即需要有一定命题经验的老师。教研员本身就有命制模拟卷的工作经验，基本没有问题。我们还有一些非常资深的老师，比如现在每个区各学科都有一个中心组，对本区的命题工作负责，因此我们编写团队中也有一部分来自区学科中心组的老师。第三个考量是编者的团队合作能力。团队合作体现在几个方面，首先就是能倾听批评的声音；其次就是不能太计较得失，比如每位编者工作量上的差异等。当然，还有一些其他小的方面的考量，但最主要的还是这三点。

访谈者：请问您是如何与您的团队成员进行交流、互动的？

潘鸣威：从工作机制上来说，我完全是按照分册、分组来进行的。练习部分的分册主编通常就是教研员或者一线学校的学科带头人、骨干教师等，他们可能会利用区的教研体系、工作室等平台来组织以教材练习部分任务设计为主题的教研活动，这不一定是面向全区的教研活动，但我一般都会全程参加。

印象比较深的是编写必修第三册练习部分时的经历。该册的分册主编是崇明区扬子中学的姚晟老师，编者包括崇明区教研员沈宇丹老师以及崇明中学的另外两名教师，其中有一名还是特级教师。这个团队从资历上来说是最资深的，而且精力充沛。虽然编者们都是老教师，而且平时也承担学校里一些行政工作，但他们每次都能按时完成任务。为了练习部分的编写，我至少去了三趟崇明，一般都是一大早就出发，结束还要赶着坐摆渡船从崇明岛先到宝山码头，再回市区。来回崇明的确很辛苦，但我想如果只是四位老师内部讨论，很容易形成一种思维固式，倒不如我去崇明参加他们的教研活动，确保编写方向。我们私下交流中，老师们也会反馈，这样的交流、互动使他们也有所提升，是一段非常好的经历。

还有，比如说必修第一册的分册主编是杨浦区的教研员李蒨老师，我就直接参与杨浦区的教研活动，并进行编写方面的指导与交流。我会在教研活动中指出，练习部分作为课堂评估的组成部分，和高考之间的差异该如何体现。如果我不强调，编者时不时就可能陷入高考模式，毕竟高考作为"指挥棒"的力量还是非常强、非常持久的。因此，我觉得更重要的是要在交流和互动中不断地告诉编者，我们现在编的是给学生去夯实教材中基础知识的练习，是一个习题册，而不是类似高考的试题。

总的来说，为确保练习部分的编写质量，我做了大量与团队成员沟通、交流的工作。在互动中，我希望通过参与一线教研活动、开展教师培训等方式来更新老师们较陈旧的想法，特别是与评估素养相关的。

访谈者：上外版《高中英语》练习部分的编写过程中有没有什么让您印象深刻的事情？为什么？

潘鸣威：我印象最深刻的是练习部分样课在市教委送审后的大调整。2020年我们正式递交必修第一册和第二册的练习部分之前，上海市教委和教研室让我们提交了样课。送审后，专家们的反馈中有不少批评意见。整体认为我们的练习部分比较传统，题型较为机械。其实我自己本身对练习部分的设计是有一套想法的，我觉得能收到这些批评意见真的挺好，可能这就是一个诱导，或者说驱动力吧。在专家的批评声中，我觉得我可能就可以更加大胆地坚持自己原有的一些想法了。

我认为考和教其实是相对统一、相对矛盾的。那么到底是谁占主要地位呢？从目前我国的教育政策而言，肯定是教占主导地位，应该说是教什么才考什么。不过这是比较理想化的想法，很多情况下老师们可能还是会看考什么才教什么。我觉得学习的功利性肯定在一定范围内存在，但是我们是希望降低份额或是比例。原先在设计样课时，我有这样的顾虑，就是练习部分如果太开放，很可能就没人用；如果做得太机械，同样也可能没人用。因此我还是想着要把练习部分跟高考进行部分衔接，因此当时可能有点战战兢兢、还不能够完全迈大步子，做到考教分离。但收到专家反馈后，我觉得反而更激励了我要去为练习部分的脉络以及编写理念做整体革新，形成特色，体现练习部分与传统考试题之间的不同。

那么，我们后来怎么调整呢？首先，对于相对机械的题型，我们基本全部删除。其次，对指令语做了比较大的改动。原先的一些题型，比如说语法填空题，就完全用高考的指令语。但考虑再三，一方面练习部分没有必要用考试型指令语，另外一方面是希望通过精心设计指令语给学生提供一种语境的代入感。我们都很清楚，学生平时已经做了很多模拟卷，会习惯性地忽视指令语。但指令语扮演了非常重要的角色，可把学生带入主题语境，所以我们希望学生先读指令语，然后再做题。后来我也收到一些学校的反馈，他们觉得指令语的代入感是练习部分的一大特色。第三个方面的改变就是增加开放性习题的呈现比例，减少了客观题，特别是选择题的比例。严格而言，练习部分基本上无选择题，特别是选择性必修四册之中。我们希望学生多做开放性题目，提供的参考答案也会有不同版本，让学生从不同维度思考同一问题。那么为什么这一点非常重要呢？在传统考试中，能让学生有开放的空间的题型只有作文题，学生只能在作文中表达自己思想。但是在我们的练习部分，鼓励学生在开放性题目中能够有一些自己的思考，然后以产出性任务作为体现方式。我们希望能结合有关教育评价改革中的要求来设计这种产出性任务。

我们要做什么呢？第一，思辨。我们希望学生不仅是用自己大脑中的既有知识，而且能做一些探索性学习，所以我们在练习部分的指令语当中，经常会说 "Do some library work."，就是想让学生在大脑当中的知识储备不足以支撑他完成任务的时候，先去做一些初步研究。这个研究既可以是合作性研究，也可以是独立的自学性的研究。作为编者，我们会给学生一些支架，然后在这个支架引导下面去让学生做。像这种题型的话，我们也是无法在大规模考试中去做的，因为大规模测试会碰到评分问题，无法对这类题型进行公正有效的评分。所以在我们练习部分里进行这样的渗透，能充分体现这两者的不同。此外，对于思辨，我们往往给学生一些素材，但不是希望学生完全按照素材中的观点加以浅层思考。我们希望学生进行批判性思考，不去直接接受某一个现象或事实，而是可以据此进行反驳，但是需要找出反驳的理由。那么这些理由就涉及第二个方面——项目化学习。项目化学习在我们传统的大规模测试中几乎无法实现，但在我们课堂评估中非常典型。在不同阶段，学生需要有一定过程性的学习积累。所以在这一点上，我们希望学生在不同阶段都能一点点积累，逐渐形成最后的成品。这也是整个练习部分希望体现的，在选择性必修几册中会有很多内容涉及这个理念。

此外，编写组也参考并比较了国内外的英语练习部分，应该说我们的练习部分总体编写理念是比较系统的，前后连贯、任务多维以及思辨等元素考虑得较全面。当然，这是在反馈意见的基础上不断打磨的成果。事实也证明，专家组在最终审查后也认可这些编写理念和做法；在练习部分的使用过程中，我们也收到一线老师很多积极的反馈。较多的评价是，练习部分让一线老师和学生眼前一亮，完全颠覆了他们原先对于练习部分的理解，并且他们主观上是愿意使用练习部分的。这就与我们的初衷相符合，我们希望练习部分能真正落地，而不是仅需要有这个材料存在而去编一本书罢了。

还有两件事让我印象非常深刻。第一件就是编写团队建设。当时我要求每位分册主编在团队建设中自己去找得力编者。我指的这个"得力"不仅仅是业务素质高，另外一方面是与人和谐共事的能力。这两个方面是非常基础的，也是必须达到的。那为什么说我对此印象深刻呢？选择性必修第一册的主编是浦东新区教研员沈冬梅老师，她的团队特别活跃。我们教材每册是四个单元，因此通常每个分册编写团队是四位老师，包括分册主编。但沈冬梅老师这组很特别，在组建团队时，沈老师说她工作室的青年教师认为参编教材是非常好的自我提升的机会，特别想参与到这项工作中来，因此就来问我的意见。编写工作很累、很辛苦，但他们还愿意积极地参与，那我们当然也欣然接受，所以他们组的队伍相对庞大，比其他册多了三位老师。

另一件让我印象深刻的事就是编写过程当中，我觉得从工作机制的角度来讲应该要高效。具体来说，编写工作要分工明确，要有专人来做决策。分册主编和我可能做得比较多，我们直接参与到最初稿的编写和后续修改的全过程中去。在这个机制中，给我印象深刻的就是我们需要在不同阶段做决断。如果说没有人能去做决策的话，很多工作在推进过程中就很难，会影响效率。

访谈者：您是否认为自己的某些经历或者特长助力了您的教材编写？

潘鸣威：我觉得这个可能还是多方面的。第一，离不开我自己的命题经历和经验。练习部分的编写毕竟是大量的任务设计，那么如何去寻找到 information gap，如何灵活设计任务，这些都是比较重要的问题。同样一个语篇，这个老师可能这样去设计任务，另一个老师可能用另外一种方法去设计任务。在任务设计的成品当中就会看出差异。

第二，可能与我的组织协调经验有关。之前的一些相关工作，包括主持科研项目等，让我有了很强的协调能力，因此这次整个编写工作推进起来能比较高效。还有就是我之前参与中国英语能力等级量表的研制。这是前无古人的一个浩瀚工程，历时三年多。在这个过程中，我学会如何去宏观把握一个大跨度的项目。跨度既是指难度上的跨度，也是指认知水平上的跨度，还可以是指我们从义务教育再到高等教育阶段的一种闭环。

第三，与我个人有关，是出于自己的喜爱。说得理想化一些，我觉得外语学习中的一些顽疾光靠考试是无法改变的，但老师是很好的突破口。我感觉把我的一些理念在练习部分的编写当中付诸实施，并帮助编写团队去改变一些原有的想法是很有意义的。就像束定芳教授所说，教材编得再好，老师们，特别是中青年老师，如果还是按照传统的、既有的思维来教学，成效就很低。在教材试用试教时，我到各区各校听课，看到很多中学英语教学的实情，其实感悟颇多，各校差异很明显。我听有些老师说，"高一就是高三，高三还是高三"，甚至极个别学校，可能高一开始就不用教材，而是刷高考题。按照这种态势，我觉得是起不到任何作用的。所以从这个角度来讲，我希望老师们的思路能够不断地进行更新和扭转，带动我们学生思路的转变。总的来说，语言学习方式不可能一蹴而就地改变，还是要潜移默化地、润物细无声地去改变。

访谈者：为更好地完成此次编写任务，您有没有做出一些新的尝试或者是一些其他的努力？

潘鸣威：我做了几个方面的努力。第一，我自己不断重读新课标，特别是研读新课标中的一些核心环节、核心内容，包括如何从质量评价的角度去描述学生能力。另外，我觉得下功夫比较多的是去研究任务的设计，特别是任务链的设计。从我读大学本科时起，到现在编这套练习部分，有本书让我印象非常深刻，就是外语教学与研究出版社的 *Listen to This*。其中任务链的设计很有意思。对于一个语篇，编者对此的使用不是"一锤子买卖"，而是通过层层任务来完成。任务链的设计在挖掘练习部分的深度上是帮助很大的，所以我们在编写时也是重新再读了 *Listen to This* 的设计。

另外就是去了解了最新练习部分中的多模态文本方面的研究进展。我自己的博士论文就是做多模态方面的语言测试研究的，关注口语方面。讲到教材编写的任务设计——多模态文本的练习设计，其实我们还是要去重点关注模态，或者说意义生成来源的渠道，我觉得这个对我们怎么去教也是有非常大的帮助。

访谈者：您参加此次教材编写有哪些收获？最大的收获是什么？为什么？

潘鸣威：我觉得编写学生用书已经是很难了，编写练习部分可能是第二难。就收获而言，我作为一名高校教学科研人员，对高中三年英语学习体系有了整体把握。参加编写也让我更深刻地认识到新课标对于水平一和水平二的定位。我知道了整个高中三年的学习是一个如何渐进的过程，应该在哪几个方面得到体现或是强化。

此外，从教师教育者的角度来讲，我也了解到教材、练习对教师发展的重要意义。参加编写前，我没有尝试过通过教材编写实现教师发展这种方式。个人尝试的较多的还是命题，特别是高利害考试的命题。我会把一些经验相对来说不那么丰富的老师融入进来，通过磨题与讨论，促进老师们的学习和发展。从经验丰富的命题者或者研究人员的角度来说，想要实现教师发展，就必须自己动手做，在做中学，并在学中做。通过此次编写，我了解到练习部分是很好的试金石，通过编写可以把一线教师真正地融入进来。这次尝试是很成功的。

最后，能把我自己的理念付诸实践，在这个过程中我得到很多启示。通过参加教材编写，我帮助老师去改变一些不正确的想法，这是很有意义的。当然，任何的改变或调整都可能会遇到阻力，在推进新理念的过程中，我更加明确了教师的重要性，也更聚焦一线老师的理念更新。

我印象比较深刻的是上海市松江二中的教研组长朱静华老师在调研中提到，我们练习部分设置了很多图片，对提高学生"看"的能力很有帮助。因为新课标强调"看"的能力，编者也希望增加插图来培养学生这一能力。因此，不管是真正有任务功能的插图，还是只是表明主题语境的插图，我们的练习部分都有很多。朱老师举了个例子：必修第一册的第一单元练习中，第一个任务就是关于"我最喜欢的老师"的语篇语法填空。在做这题之前，我们给学生设计了读图任务。这幅图是班上的一个情景：一名女老师在教室中巡回走动并帮助学生解题。朱老师告诉我，学生起初不做这个口头任务，即使做的话只能说出干巴巴的一句话，如"The teacher is helping the students with their lessons."。朱老师是一名相对来说理念比较新的教师，她往往鼓励学生多说，并把参考答案中一些好的表达摘选出来，给学生们欣赏。她具体指导学生如何把静态图的内容写活，如何运用初中所学的词汇和语法来表达图片中的一些深层含义。这件事就让我对一线教学实情有了更深层的认识，也了解了教师发展的程度与教师心理状态是密切相关的。

访谈者：您是否认同"参与教材编写可以作为教师发展的一种有效方式"这一观点？若是，您认为应该如何推进该方式？为什么？

潘鸣威：我觉得是，但也感到很遗憾。因为教材编写的机会非常宝贵，从另一个角度来讲，它的受众面不大。作为一名教师教育者，我认为参编国家教材的机会还是较少，可能比较合适的一种推进方式是组织一些关于教材编写或者是练习任务设计编制方面的讲座或工作坊，给老师足够的输入，再通过校本教材的编写得以产出。就像学习语言一样，输入是一方面，产出是更重要的另一方面。因为如果不亲自落笔去写东西，那永远也不知道该怎么下笔。因此，教材编写的面可以铺开，或者能进一步推进校本教材的编写，把一线老师都融入进来，这将会是一个很好的方式。

访谈者：能否基于本次教材编写经历谈谈您对未来教材编写的建议？

潘鸣威：从教材角度来讲，如果还要进一步有特色，或者说能把教材更好地用活，那分层是非常重要的。党中央、国务院颁布的《新时代关于深化教育评价改革的方案》提出，教育评价要探索"分层评价"。教材的受众面并非是可以一刀切的，更多的是需要让"吃不饱"的同学能有更多的东西可吃，能让一些学习相对薄弱的学生至少有个保底的学习目标。所以我建议教材的练习部分可能还要分层、分类。从分层、分类的角度对教材进行定位、编写，这非常重要。教材一刀切可能也是造成了现在高中英语新教材推行后，有些学校在教学中觉得比较吃力，但有些学校觉得无须用到规定课时就可完成教学任务这一局面。

另外，还要强调教材中的过程性评价。过程性评价大家都非常熟悉，但是谈到如何真正在我们的教材中去落实，显然在现有的教材中体现得还不够充分。

还有就是增值评价。要看学生进步的幅度，增值到底有多少。我们曾经对比同一批学生的中考和三年后的高考成绩，发现某些学校学生的进步增量并非非常明显，相反，有些学生可能中考成绩并不十分拔尖，但在高中三年中，这些学生的进步幅度远超初中的拔尖学生。从增值评价考虑，我们应当体现出对学生综合能力的肯定。如果在我们的九年义务制教育阶段的教材编写当中能渗透或体现这点，我觉得就能够展现出新教材编写理念的前沿性。

集众人之智，展工匠精神，谱品质新章

——学生用书分册主编及板块负责人、教学参考资料编者安琳访谈

作者简介

安琳，上海市英语教育教学研究基地副研究员。上外版《高中英语》教材编写中心组成员，担任学生用书必修第二册分册主编及板块负责人（思辨训练 Critical Thinking 板块），教学参考资料编者。

访谈者： 您是通过怎样的契机参与到上外版《高中英语》的编写工作中的？

安琳： 英语基地有三大任务——课标研究、教材编写和教师培训，其中一块很重要的就是教材编写。作为英语基地的专职研究人员，我是很自然地加入进来的，因为教材编写本身就是英语基地工作重点之一。我之前也跟着束老师做了好多年的相关项目。

我们高中英语新教材的编写工作开始得比较早。当时束老师就提出，原来的教材已经比较陈旧了，而且新课标马上要出台，这是教材更迭非常好的契机，所以我们就提前开始准备了。我们在 2017 年 5 月就启动了一些相关的准备工作。一开始考虑改编原有教材，后来决定重新编写一套。到 2018 年 1 月的时候，市教委组织召开了高中教材编制培训会议，给我们英语基地的任务就是要编写一套新的高中英语教材。所以这个过程其实是很自然的，就是我们基地本身的预案，而且以前也参与过一些相关的教材编写的工作——无论

是初中的还是大学的。因为有前期的积累，所以我也就顺理成章地成为了这个团队的一员。而且之前我们团队也配合得比较默契，王蓓蕾老师和我之前参与过多套教材的编写，合作过多次，所以我们就又一起做了这件事情。

访谈者：上外版《高中英语》的编写过程中有没有什么让您印象深刻的事情？为什么？

安琳：在这个过程中，如果说印象很深刻的话，其实应该是那几次崇明的封闭研讨会。因为平常教材编写的工作大都是编者各自在家里做，不会有特别深刻的记忆。但是大家在一块儿做的时候就会有灵感的迸现，有时也会有一些冲突，就需要一起讨论，因此就会有一些印象比较深刻的事情。

其中印象最深刻的是 2018 年 7 月 11 日到 13 日那次市教委组织的崇明封闭会议。在那次会议上，市教委正式把教材编写任务交给各个编写组，宣布了时间节点，还有相关的一些要求，让大家倍感压力。在会上，市教委首先要求各个编写组把样课拿出来，请专家审查反馈。专家包括梅德明教授、吴小英老师，市教委的邹一斌老师、刘嘉秋老师也都全程参与了。在开集中会议的时候，市教委领导提出了严格的要求，那个时候我们其实已经有紧张情绪了。第二天，各方专家对我们的样课进行反馈。当时准备得比较匆忙，大家也没有预见到阵仗这么大，因此我们会前准备的材料没有经过非常仔细的推敲。可想而知，会上得到的负面反馈比较多，大家感觉非常沮丧。因为以前的话，我们做出来的东西往往不会有这种情况发生，但是那次结果确实有点没有预想到，真有点措手不及。再加上市教委给的时间节点近在眼前，而且要求特别多，大家压力非常大。那次会议束老师没有参加，他因为公务去了国外。因此，所有的担子都落在我们几个人身上，我们当时确实非常紧张。会后立即跟束老师视频汇报了这次封闭会议的情况。面对突如其来的负面反馈，我们都感到有些迷茫。那次会议期间发生的事情直至今日印象还非常深刻。后来束老师紧急赶回国后，7 月底、8 月下旬，还有 10 月国庆期间，先后组织了几次比较密集的封闭会议来解决问题。

　　还有一次，也是情绪比较激动的一次，是2018年8月底发生的事情。在巨大的压力下，经过几轮封闭会议的讨论，我们打磨出一个很好的板块，就是现在的"Moving forward"这个板块的雏形，那时候我们起的名字叫"Building up"。王蓓蕾老师当时第一个提出这个主意，她想把说和写两种输出活动融合在一起。我也贡献了自己的想法，指出可以是先说后写——因为学生课堂上有的时候说出来的东西没有经过沉淀，印象不会很深，那么如果先说出一些想法，再把它完善，落实到写作，这个巩固的过程就比较好。王蓓蕾老师也提到，经过前面的一些铺垫，可以把任务更好地糅合进来。所以，我们讨论之后，觉得这个主意非常好。大家带着欣喜和期待的心情在讨论会上提出这个想法，但在听取了其他编写人员的意见后，束老师把这个板块给否定了。那是我们几个人觉得非常委屈的一次，还流眼泪了……大家很难过，情绪也比较激动，所以那次也印象很深刻。后来这个板块经过大家进一步的讨论，改为一个较为灵活的、可适用于各个单元的融合板块。正是因为有一次次的这种打磨，上外版《高中英语》教材才得以成形、完善。

　　访谈者：您提到印象比较深刻的事情主要是在编写组的集中封闭过程中发生的，请问在上外版《高中英语》教材编写过程中，相较其他常见编写组织形式，集中封闭有哪些突出的作用？

　　安琳：大家能够在固定的时间集中精力做一件事情，这是非常必要的。因为编写组没有多少老师是专职做这件事情，即使是基地的人员其实也是身兼数职，要做其他很多工作。如果平时自己做的话，很容易分散精力，就是各自有想法，不容易得到很好的落实，不容易做到位。比如，研讨时只是提出一个思路，大家讨论后形成一个大概的想法，但是回去以后进行具体编写时，是否能够做到像研讨时候构思的那样，就不一定了。封闭研讨至少持续两三天，那么在这个过程中大家可以全身心集中在教材编写这一件事情上。大家在这个过程中讨论出来的东西马上能够落地，就是会上讨论完，回去立马写出来，写出来以后马上又能拿到会上再继续讨论。这就相当于车轮战，而且大家是集中在一起，反馈就非常及时，也不容易被大家遗忘。所以封闭研讨其实效率是非常高的，能够凝聚大家所有的注意力，大家一起集中做这一件事情，对于教材编写是必不可少，而且是至关重要的。那几次的封闭研讨对我们来说，效果是非常好的，每次封闭研讨结束都会有一些很大、很明显的进步。

访谈者：作为一个有经验的教材编写者，为了更好地完成此次编写任务，您有没有做出一些新的尝试或者是一些其他的努力？

安琳：在上外版《高中英语》编写之初，我想法比较简单，觉得以前也做过类似工作，似乎有点信心。但是真正做的时候，就会渐渐发现编写国家中小学教材和普通的中小学教材，甚至说编写大学英语教材，真的完全不一样，因为要考虑的因素多了很多。在这个过程中，我发现我对课标有了新的认识。以前编写教材，包括大学英语教材，我没有想着去把一些标准性的文件好好地挖掘，或者是反复去看，没有这个概念，也没有这个习惯。但这次的话，在编写组的安排下，我一次次地学习课标。此次教材编写让我意识到，如果不去好好地把课标读通，就肯定编不出符合课标的教材。我在此次编写过程中，看了很多遍新课标，最后感觉到它对我的启示还是很大的，所以研读课标并参与课标相关的一些培训活动是我在这次教材编写中努力去做的事情。

另外，我平时会在编写过程中摸索如何搜索好的材料去设计活动。这其实是我投入精力比较多的一项工作。要把教材编写做好，个人要做很多努力。

还有一些其他的，比如寻求专家支持这方面。我印象比较深刻的是跟 Stephanie Ashford 的沟通联系。在经过了几轮编写之后，我深刻地意识到，作为 non-native speakers（英语非母语者），像我们这样的英语水平，不论自我感觉如何好，其实对语言素材的把握还是不够到位，所以非常有必要去请一些国外教材编写方面的专家，寻求他们的指导和帮助。

其实我们一开始联系了 Brian Tomlinson 教授，他是教材研究领域的权威专家。那个时候我也是全程跟他对接，他来了以后的相关活动我也是一直参与的，包括他的一些著作我也都尽可能去看、去读，然后去领会。但是感觉他对教材的反馈并没有对教材编写产生质的变化——就是教材经过他打磨之后，没有能够感觉到明显的提升，当然在理论方面他给了我们很多指导。

因为我平时也研究教材，所以买了德国的 *Green Line* 这套教材。初识这套教材是在参与丹阳教材编写的时候，束老师拿了这套 *Green Line* 教材给我们看过，印象非常深刻。后来我在网上本来想买 *Green Line* 新版教材，结果歪打正着买到了 *Green Line* 的英语作为二外的教材，相当于德国人学了拉丁语或者其他的外语作为一外，然后再把英语作为二外学的时候用的教材。这套教材也属于 *Green Line* 系列教材，但是属于另外一个体系，结果却让我觉得比 *Green Line* 本身的那套英语作为第二语言的教材还要好。我读了它里面的对话，觉得特别欣喜，因为在之前看到的那么多的，包括英美国家主流出版社出的教材，都没有这种感觉。它很多的文本、材料，甚至是活动设计都非常用心，而且会有让学生读上去意犹未尽的感觉，有一些奇思妙想在里面，或者说是有一些特别的设计在里面，让你觉得对话结尾非常意外或者是意想不到的，编写非常吸引人。那我就想，是否能联系到这套教材的编者。我就到网上去搜这些编者的联系方式，辗转找到了最主要的编者 Stephanie Ashford 的个人简介和联系方式，于是，就写了邮件去联系她。没想到她非常热情，过了几天就回复了，然后我们就联系上了，一切非常顺利。她和她的爱人都是在教材编写方面比较有经验的人士，他们人也非常好。我们在中国相见前就是在网络上视频聊过一次，除此之外真的是对彼此一无所知。Stephanie Ashford 就那么相信我们，然后给我们教材审读了好多单元。她给的反馈是所有的专家里面让我们觉得最有收获、最有建设性的。因为她不仅能指出哪些地方可能有问题，而且也会告诉我们可以怎么改。不同于大部分专家意见仅指出哪里不好，但是不会给出具体的修改建议，Stephanie Ashford 不一样，她给的建议非常具体，哪里有问题，可以怎么改等等，非常细致到位。对于她给的反馈，束老师都赞不绝口。所以我们后来还把她和她爱人一起请过来，给我们编者做了几场讲座和研讨，给我们研究员做了培训，我们收获也很大。所以这也是我为编写任务完成所做的努力之一吧。

外语教材编写与教师专业发展之路——上外版普通高中教科书《英语》编者访谈录

访谈者：参编过程中，您与编写组其他成员的互动交流所产生的影响主要体现在哪些方面？

安琳：首先说我和主编束老师的沟通吧，我觉得很重要的就是他在大方向上的引领作用。如果我跟束老师及时沟通的话，可以尽快了解他的一些想法。如果我和他的意见有一些不同，我会和他讨论。可能有时我没考虑周到，但是束老师跟我一提，我就会觉得很有启发。在教材编写过程中，如果能有机会跟主编进行深入的沟通，其实就能够及时跟上他的思路，然后把他的想法尽快地体现在手头的工作中。在编写教材时，及时地把主编的一些大的思路和布局以及一些好的想法体现出来是一个很重要的方面。

再来说其他成员。王蓓蕾老师是教材副主编，也是主要的负责团队联系的编写者，我和她的沟通就更加频繁了。在教材编写过程中，我们能够充分地讨论，这是确保教材工作顺利进行的大前提，因为讨论中可以产生很多灵感。我前面提到的教材里面比较有新意或者比较有特色的内容，也都归功于我们一次次的讨论。比如前面说的"Building up"，后来变成"Moving forward"这个读写融合板块，就是我们讨论的时候不断地提炼、打磨做出来的。另外就是"Critical thinking"板块，我们在其他教材中确实还没有看到过这样一个具体的、能够体现思维品质或者思维技能培养训练的一个板块。这个板块还承载了多重功能。如果某位编者有了新的想法，我和王蓓蕾老师，还有其他一些相关的老师，大家集中碰头讨论，把这个想法逐步地打磨出来，更加具体化，然后确定到底是采用几个活动，不同的活动设计思路重点在哪里，应该怎样体现它的重点和衔接，还有前后单元板块之间的关系等等。就是这样经过多次讨论，我们教材中比较有特色的一些内容最终得以形成。所以我觉得编写团队成员互动发挥了最直接、最显性的一些作用。

另外，在与编写团队其他成员交流的过程中，我能够看到他们对这个项目的一些思考和对教材编写的一些想法，对我来说也是非常有启发意义的。比如我一直在思考，整个教材的编写项目应该怎么来布局？编写的方案怎么样来落实？教材编写团队里每个人的性格、特长、能力等，从细小的到大的方面其实都不同。去观察了解如何跟不同的人打交道，然后请不同的人做不同的事，这个过程对我的影响是非常大的，让我既有大局观，也有对细节的把握。

我现在负责初中英语教材编写工作，有很多的想法都是来自于高中英语教材编写经历。我之前参与过丹阳教材编写项目，那个时候也是主要负责人，虽然说有了一些经验，但直到真正参与了高中英语教材编写，才了解到国家教材编写项目其实是一个宏大到完全可以碾压其他任何教材编写项目的工作，它里面涉及到的东西千丝万缕。打个比方，我要和市教委上层的任务布置者打交道，要跟各类专家——教材方面的专家、课标专家、帮助语言润色的专家、一线特级教师，以及外部评估的一些专家——打交道，然后要协调编写组内部各个成员的工作，让大家井井有条地把教材编写推进下去，在不同时间节点确保完成任务。

如果我们能够及时和教材主编以及相关的负责老师沟通，就会了解到教材编写项目的整体规划。编者不仅仅就管着自己负责的这一块，作为一个好的教材编者，在这个过程中其实是要尽可能像海绵一样吸收新的技能。和主编或者主要负责老师交流得越多，对内部整体的布局就越清楚，那么自己的编写部分也会做得更好，后续收获的启发也就会更大。

所以我觉得跟教材主编、副主编以及项目相关人员的沟通，最得益的就是可以让我在现在所做的初中英语教材编写工作中更加自信从容，比如现在在我产生一些想法后能够大致评判可行性如何，就不会像高中英语教材编写工作刚启动的时候，对很多东西都没有预料到，有些茫然。

访谈者：您参加此次教材编写做了哪些具体工作？有哪些收获？

安琳：在上外版《高中英语》教材编写组里，我是一个分册的负责人，也是板块的负责人。在整个编写的过程中，要做的工作其实是非常多样的。

先说具体的编写。一开始我们是以单元分工，每人负责某一册的一个单元。然后具体做的时候发现，各个人拿出来的东西就是一个个独立的单元，很难构成一个体系，每位负责人各自为政，很难保证教材的体系化和统一性。把教材布局比作排队的话，合理的布局就像很多人站出来以后，身形都差不多的人，从低到高，一溜排下去，那这个感觉是比较和谐的。但是如果每个人单独作业的话，那么站出来的人，可能有的胖，有的瘦，有的高，有的矮，参差不齐，站出来以后很不协调。我们经过很多次研讨之后，发现大家各自做的工作应该打通。

那么怎么打通呢？就要依靠教材里面的各个板块。按板块来分工负责的话，每个人之间就有一个横向的体系来维系。我们做丹阳教材项目的时候，大家就是一个单元一个单元编出来以后，由我一个人来统稿。比如，我觉得这个单元编得不好，我自己就上手改。丹阳教材只是个小项目，而且初生牛犊不怕虎，我们自己动笔，改得差不多能够和前后协调就可以。但这次高中教材编写不同，规模比较大，板块也多，不可能由一个人全部操刀来改。根据当时的情况，我们就设立了板块负责人制度。其实一开始我在担任"Critical thinking"板块负责人的时候，并没有很明确的概念，不知道该怎样梳理体系、找到标准。等大家出了初稿之后，我自己经过思考，就意识到整套教材必须要有一个清晰的体系。所以，我们就着手梳理板块。比如"Critical thinking"板块的活动，前面要体现一些中高阶的思维，后面的高阶的比例要大一些，第一题可以是比较简单的单元信息的整合，但是第二题要有拓展，在前面的思维训练基础上再有一个跳跃，多一些创造性的或者评价性的活动，这样就能够体现其中一些关联性和层次性。

担任板块负责人的收获就是我对板块和单元之间的关系把握得更到位一些，以至于对教材编写的分工更加明确了。教材编写的横纵线都应该有人协调，而且横纵线之间还是要有人去负责，比如我们除了有单元的负责人、板块的负责人，还有分册的负责人。其实教材中一册的体量还算比较小，就只有四个单元。但是即使是这四个单元，尽管我们有不同的人来把关，还是有一些不尽如人意的地方。为了确保教材质量，束老师后来要求分册负责人直接上手修改，以至于我后面很多的时间和精力都投入到了改我负责的这一册上了。我觉得这个过程对我还是帮助很大的，让我能够有一个整体观。以前编教材的时候，我容易局限在自己的小天地。比如最早我们做某个单元，我会为设计出了一个小板块而感到欣喜，觉得很满足，但是往往没有大局观，没有想到去呼应其他单元，产生单元之间的关联。现在做了分册负责人的工作以后，发现整体性、系统性、关联性非常重要，所以就跳出了自己那一小块天地，变得能够从横纵整体的角度来看待教材编写。我觉得这是一个突破，收获也是相当大的。

另外一个方面，就是和不同的人打交道，组织协调。这对将来的教材编写会很有帮助。参与教材编写，就需要和不同的人合作。因为没有合作，就不能完成编写任务。教材不是单个人能完成的。虽然国外的教材很多都是一两个编者完成的，但是对中国的英语教材编写工作来说，我觉得这是不现实的。你必须和不同的组织沟通协调，和不同的人打交道，善于把各位编写成员的优势发挥到极致，同时有效地避免他们的一些不足，这样可以减少矛盾和冲突。我觉得这个过程对我来说真的是一个考验，但是也学到很多。所以现在的话，我觉得自己对不同的人的包容度比以前要大很多。

至于说教材编写的一些具体技能，比如信息检索、材料选择、活动编排等，我相信每一个参与到这项工作中的人都会有提升。

我觉得还有一点很重要，就是我在这个过程中发现了自己的短板。举个例子，我在做丹阳教材项目的时候，一个人要负责很多种工作。尽管非常累，但是激发了自己的很多潜能，会排版了，会美编了，还会编写一些有趣的材料了，就会觉得自己还挺有能耐的。教材编好后，自己也会觉得很完美，其实我的眼睛被蒙蔽了。那个时候一是年轻，初生牛犊不怕虎；二是比较个人主义，觉得我自己完全能搞定。但在高中教材项目里面，我就明显发现了自己的短板，比如在跟不同的老师研讨的时候会觉得，人家这个地方编得挺好，设计思路很巧妙。我如果编这个单元，可能做不到这样好。所以，其实每个人都是有自己的短板的。自己编好的一个单元里面，可能不是所有内容都适合学生学、适合老师教的。有些东西确实是你不知道的，而且不知道的非常多，你会意识到自己真的还有很多不足。

我觉得我在这个过程中是要多学习一点。但是学再多，也不可能靠一己之力完成全部事情，还需要合作，需要不同方面、不同领域的专家，还有其他优秀的人才来助力你把这件事情做得更好。你可能有自己的优势，但是你绝对只是一个非常小的环节。然后别人呢，你要善于发现那些优秀的人，让他们参与进来，一起把这件事情做好。这就是为什么在做这次初中教材准备工作的时候，我考虑加入不同学科之间的交流，让不同领域的专家给我们分享经验，把他们的优势体现在教材编写中，这样我们才能把这件事情做好。现在我觉得自己更加能够意识到自己的不足，这也是最大的收获之一。

访谈者：您是否认同"参与教材编写可以作为教师发展的一种有效方式"这一观点？若是，您认为应该如何推进该方式？为什么？

安琳：教材编写对教师发展是有一些作用。一方面，就我个人而言，不管是读书的时候，还是后续工作的时候，我对教材编写是有着极大热情的。我觉得教材编写能够体现你的一些好的想法，让更多的人看到，让更多的学生受益。而且它还是非常有创造性的一项工作，因为它涉及的方面多，对人的挑战又大，因此我对教材编写是很感兴趣的。还有，我读博士的时候，做的研究也是和教材相关，所以其实是一脉相承。我职业生涯和学术生涯要做的事大概率是要和教材挂钩的。那么我参与这项工作肯定是对我个人的发展是很有利的，一是我将来可以在教材编写方面更自信；二是我觉得发现自己的不足也是一种收获，就是可以全面地认识自己，知道可以怎么样才能做得更好。另外，作为高校教师，在教学中我们需要根据教材设计活动，或者说，把纸质的、平面的、二维的教材变成课堂中鲜活的、立体的、交互的教材，参与教材编写会帮助我把这个过程看得更透，能领会到教材编写者的编写意图，会去考虑大学英语教学指南中哪些要求可能需要在教材使用中体现。有时也会跳脱这一个单元，去整体地看待它与整本书之间的关联，从而更好地去设计课程，然后能更贴近学生的学习习惯、学习特点，将教材使用和课堂教学更好地融合。所以我觉得编写高中教材对我的教学工作肯定也是有极大的帮助的。总的来说，不论是从教材编写实践，我个人的学术研究，还是实际教学，我觉得参与高中教材编写对我是有很大帮助的。

不过，尽管参与教材编写对参与者而言或多或少都能促进教师发展，但是具体帮助有多大，我觉得很大程度上取决于参与者的动机和参与度。就像学习一样，你要是勤奋好学，特别想学，就有可能成为一个好的学习者，但是如果你本身就比较倦怠，也不知道将来要干什么，不愿意投入，就会缺乏动力，很可能就学得一般。教材编写也是一样，如果参与者只是本着应付工作的想法，就来参与一下，挂个名，无法全程投入，可能收获就会比较有限。但是对于大多数积极主动投入到教材编写中的老师来说，愿意学习，参与、互动，求知欲比较强，那么教材编写应该是教师发展非常有效的一个方式。所以，如果参与者是真心实意参与教材编写，而不是被"分配安排工作"，那么参与者是会收获非常大的。

访谈者：能否基于本次教材编写经历谈谈您对未来教材编写的建议？

安琳：参与此次高中教材编写之前，束老师多次强调，我们一定要先研究，研究国内外的教材，研究二语习得等理论和最新发现，我们要将这些研究成果体现在我们的教材里。我读博的时候，束老师也一再这样教导我们。往往不到自己真正做某一件具体事情，可能就没有那么强烈的意识去研究，因为受制于时间、精力、方法等。如不能把各种理论研究学习并思考，就会做得不够到位。这次参与高中教材编写，虽然我们也会凭着经验来摸索，但是前期花了不少时间去学习和分析一些理论和教材，在编写过程中尽力将这些发现融进教材中去。中间编得差不多的时候，束老师就要求大家把编写过程中的思考提炼沉淀下来，写成论文。直到那个时候，我才意识到，其实理论应该是走在最前面的，理论研究应该先行。把理论全部搞透了，思考了，沉淀了，再去应用到实际编写中，可以帮助我们做得更好。当我写论文的时候，整个过程其实也是一个反思的过程。我会想到可能之前编的时候，有一些地方是到位的，而有些地方确实还差了那么一点火候。我觉得这样的反思对于即将到来的初中英语教材的编写有很大的启发。比如在初中英语教材编写项目中，我们就先把研究工作放到最前面，而且也给编者充足的时间和尽可能充分的资源支持去做研究。编写高中教材的时候，编者是跟着市教委或者是英语基地的一些安排按部就班地来进行研究，目的不是非常明确。但现在初中英语教材编写组特别明确要研究什么：一方面就是课标。不光是要研究最新的义务教育课标，还要研究国外的课标、最新的高中英语课标，还有上海市的教学基本要求等等，相关的文件都要熟悉。还有一方面就是文献，要把最新的一些理论，只要是涉及教材编写的都要去了解，做到博览、思考、提炼。再有一方面是教材，要提炼经验。此外，还要研究我们的学生、老师和教学实际。所以通过这次教材编写，我现在更加明确在教材编写工作开始前需要做的研究工作和流程，就是要把研究放前面，做好各方面充分的研究，为接下来的编写做准备。

第二，今后的教材编写项目要充分地吸纳各个领域的优秀的专业人士，邀请他们为我们提供一些建议和指导。初中教材编写邀请了课标组的专家，比如梅德明教授，还有国内外教材编写领域的专家学者，包括教材编写者，请他们给我们分享一些经验。此外，初中教材编写组也邀请了一线的特级教师、教研员和优秀的老师来分享他们对一线教学、师生、课堂的了解，帮助我们熟悉教材面向的受众。另外非常重要的就是请各个领域的非英语的行家来助力，比如我已经邀请了心理学的专家谈青少年的心理特征，帮助编者了解初中生的心理发展特征，从而更好地设计教材，避免踩雷。考虑到英语和语文都是大语文学科，是有相关性的，一些语文教学的理念和英语其实是相通的，我还准备邀请语文学科的教研员、特级教师。我们也想请儿童文学以及青少年文学作家，甚至音乐方面、戏剧方面的专家。总的来说，在接下来的编写项目中，我会尽可能联络不同的专家，用他们的长处来弥补我们的短板。教材好似一部作品，是大家共同投入心血的一个作品，这里面倾注的力量其实不应该仅仅只是我们团队成员的力量。虽然我们是主体，但肯定是要吸纳各方面的优势。那么，其实参与高中教材编写这个过程就让我更加意识到集结多方力量的必要性。

第三是团队的建设。在此次教材编写过程中，我清晰地认识到，教材要做好，需要整个团队齐心协力，拧成一股绳，而且要保证团队成员有求知欲、责任心、投入度，能吃苦，以及具有很好的英语语言素养。我们要建设一支高质量的团队。因为不一定每个人都适合做这件事情，也不一定每个人都能做好，所以我们在团队建设的时候，应该启动双向选择的流程。大家要成为一个学习共同体，在这个过程中共同成长。为什么大家对崇明的封闭研讨的过程印象深刻，因为这时才能真正让编者意识到：我在做教材工作，大家在一块儿努力。如果学习共同体能够建立的话，编者其实就能够有一些时间一起来畅谈畅聊，透彻地研讨教材编写的事。所以我们这次初中英语教材编写工作也准备沿袭这个经验，平时只要有机会，比如学习的机会，有资源、讲座之类的，大家一起学习，资源分享。到了假期就封闭一次，大家汇报前期做的工作，互相学习激励。高中教材编写的过程中，大家都很辛苦，但是我们互相扶持，走到了终点。那么初中教材其实也一样，大家需要互相鼓励，抱团前行，这件事情才能坚持下去。

所以，做研究、邀请不同领域的专家指导，还有团队建设，我觉得这几个方面对我接下来做的初中英语教材编写的工作，应该是启发最大的。

开拓学术视野，提升教育情怀

——学生用书分册主编及板块负责人、教学参考资料编者田臻访谈

作者简介

田臻，教授，博士生导师，上海市英语教育教学研究基地研究员，2016–2017 年美国普林斯顿大学访问学者，主要研究方向为认知语言学、语义学，著有《汉英存在构式与动词语义互动的实证研究》（2014）、《基于认知理论的英语学习丛书·英语动词短语》（2019），合著《认知语言学研究方法》（2013）、《语义学十讲》（2020）等，主编国际论文集 *Language, Culture and Identity–Signs of Life*（2020）。主持国家优博专项基金项目 1 项、国家社会科学基金 1 项、教育部人文社科项目 1 项。担任上外版《高中英语》选择性必修第二册分册主编及板块负责人、教学参考资料编者。

> **访谈者：** 您在上外版《高中英语》的编写中主要负责哪些工作？
>
> **田臻：** 在教材编写中，我是选择性必修第二册的分册主编，同时担任文化板块负责人，也参与了必修第二册第四单元和选择性必修第四册第四单元的编写工作，并负责牵头整合这两个单元，还做了一些任务的设计，并且负责教学参考资料的对接工作。

> **访谈者：** 上外版《高中英语》的编写过程中有没有什么让您印

象深刻的事情？为什么？

田臻：印象深刻的事情很多。我之前主要是做语言学研究，虽然有 8 年在大学里教英语专业的教学经验，但是我并没有参与教材编写的经历，这是我第一次直接参加教材编写工作。所以在刚开始接手的时候，觉得有很多需要学习的地方。所幸团队里的同事都特别给力。在相互交流的过程中，团队核心成员，比如王蓓蕾老师、安琳老师、朱彦老师都给了我很多帮助，耐心地向我解释编写的理念、流程和框架。这几位老师的教材编写经验比较丰富，因为她们一直研究外语教学，读书期间就已经有过教材编写的经历。我觉得加入这样的团队对我个人是非常好的学习和成长的机会。我认真学习了课标，了解了其他册的编排流程，跟其他册的主编，还有编辑有很多沟通，大概了解了整套教材的编写理念，明确如何着手来做。

开始我做的是比较具体的工作，比如文章的选材和阅读活动的设计。在选材的过程中我也学到了很多，开始注意语篇的文本类型。教材中的文本有多种类型，除了记叙文，还有小说节选、新闻、说明文等。一方面语言的难度要符合学生的认知水平和语言知识水平，另一方面还要有主题相关度以及阅读板块与其他板块的匹配，需要有整体思路。比如说选择性必修第二册的写作板块是关于各种主要文体写作的，包括记叙文、说明文、议论文等，选择阅读文章时就要考虑文体的匹配，还要考虑后面其他活动。单元设计需要考虑单元的整体性和知识的体系性，在文本的选择、学习策略的设计、活动的导向方面都有很多需要兼顾的地方。

渐渐地我体会到，教材编写确实是个巨大工程，不仅从理念上要跟其他册保持一致，还必须与学生的知识结构和认知水平匹配。我之前教的是大学生，现在要面向高中生来编写教材，就必须要了解他们的关注点、语言知识、语言水平等，所以后面跟学校对接时我也特别关注学生的学习特点和语言水平。总体来说，我觉得印象比较深刻的一个是教材的体系性，还有一个是在选材、编写活动和单元设计时要关注到方方面面。

访谈者：您在教材编写过程中做了哪些具体工作？

田臻：接到任务后，我一边做一边收集资料，一边学一边继续把工作推进。最开始把课标认真读了一遍，因为我们是基于课标编写教材的，所以必须了解课标的理念和要求，包括学生所预期的能力水平，这是第一步。

第二步是查阅相关教材。英语基地有很多国内外的教材，我当时经常去查阅，思考高中教材的特点是什么。在查阅过程中我是以教材使用者的身份来体会的，分析哪些教材特别吸引我，哪些部分做得很特别，从中我学到了很多新的东西。比如对各方面主题的知识的学习，可能我没看教材前没有太多感受，但是我通过看教材，不仅学习到语言知识，也学到了很多百科知识，所以认识到教材的影响力是巨大的。这些作为使用者或阅读者的感受对于我的编写过程有很大影响。我一直在想，如果我来看我们的这套教材，哪些板块是我可以得到很多收获的，哪些板块是我觉得特别有趣的，慢慢揣摩如何开展教材编写。

再有就是碰到不确定的地方，我也会查找文献资料，看相关研究，了解专家是怎么说的，前面的研究者做了什么。

后面阶段就主要是在实践当中的学习。我们的流程基本是先确定一个主题，再把两篇课文选定了，最后围绕着课文展开其他活动，就是根据两个语篇的特点进行延伸。比如说自然灾害单元先讲人们在灾难中采取的措施，闪现的人性光辉，包括我们该怎么样去思考，怎么样去预防，从主语篇一点点延伸，然后各个板块的知识结构慢慢地建立起来。其实，单元主语篇的选择经历了特别多的思考。大家反复地查找各种类型的文章。确定一个主语篇前至少有几十篇备选文章。为了找到合适的语篇，编者需要读很多材料。有些材料思辨性很强，但是不一定适合高中生阅读。比如说，像灾难单元所找的文本里面有很多场面可能不适合学生看，这个度还是要把握好。此外还要考虑到学生的情感因素。当时这个单元的主语篇是关于地震，就自然联想到2008年汶川地震，于是去找了一些关于当地灾后重建的材料，觉得用在语法或听力语篇里立意挺好。但是有老师提出，那个时期出生的孩子很有可能到高中阶段用到我们的教材。虽然教材有正面引导，但是又重提当年，对他们的情感上有可能造成伤害，所以后来我们就把这个材料给换掉了。语篇选择中，要考虑的除了语言，还有思想性、时代性、主题的契合度等很多因素。后续还有很多其他要考虑的因素，包括语篇涉及的外围信息。比如，某位作者如果曾有不当言论，那么他的语篇我们都不能选用，因为要考虑到学生如果去查找他的信息，会受到负面影响。以上这些方面也是做了挺多考量的。教材编写这方面的经验是特别直观的，而且对我影响特别大。

访谈者：您是如何克服教材编写过程中的困难的？

田臻：之前教材编写经验的不足通过教材编写实践帮我补起来了，比如对于学生语言水平和认知能力的了解。通过出版社对词汇的审核，确定超纲词和修改方案，我对词汇有了更多的把握，觉得是在"做中学"的感觉。

在克服困难的过程中，有很多老师都给我提供了特别多的帮助。每个单元在体系构建的过程中都经过了无数次讨论，像我负责的选择性必修第二册第4单元就是重建起来的。这个单元从刚开始大家讨论选材到搭建整个体系，每个板块放什么策略，有怎样的思想导向，经过了无数遍的讨论。我们初稿完成后，到提交正式版本之前，至少改了有十几版，反复地在改。

在修改过程中我的认知也在慢慢调整，可能开始有些地方没有特别关注到，比如策略的重点，特别是阅读语篇活动后面的策略。阅读要设计三个层次的活动，一个是考查课前知识，或者语篇大意层面上的；另一个是针对文章细节而设计的；还有一个是思维延伸的。用什么方式体现思维延伸其实挺考验编者创造性的，大家也都提了特别好的意见。我印象比较深刻的是必修第一册第四单元。这一单元讲的是 customs and traditions，主要内容有关成人礼。设计语篇活动时，我开始设计的是对于细节提问的表格题。王琳艺老师看了后建议设计一个 app，让学生根据不同国家情况选择并且讲出理由。我觉得很有创意，设计阅读第三题时就采纳了她的思路，找了些跟学生生活特别相关的 app，像 Travel，Reading，Cooking，然后让学生根据文章内容判断不同国家的年轻人经过成人礼后大概会选择或比较会关注哪类 app。我觉得王老师的思路特别好，给了我很好的启发。我开始一直觉得，我们要在文章当中去关注文章细节，但是后来设计活动时就更多关注学生的认知扩展。团队成员确实是给了我特别多、特别好的思路。

到后期，我也做过选择性必修第四册中的一个单元，就是第二单元——经济单元。这个单元面向高二下的高中生。因为是最后一册，使用这一册的学生即将升入大学，我们希望学生对于学科知识有初步的了解。在设计活动时我感觉有了前面两册的设计经验，就有些灵感了。本单元讲到货币的流通。口语活动是要求学生讨论春游预算，其间涉及大概有多少预算，春游都会安排什么活动，根据活动预算怎样计划。每组做好预算后全班再一起讨论哪个预算做得最好，哪些项目是合理的、重要的，哪些项目可能需要舍弃等。在这个过程中学生要不断地做经济方面的决定，迎合单元主题 making economic decisions。在活动设计时我感觉自己对这些活动的内涵、理念、原则的理解比以前有进步，对学生关注的话题也更有把握。所以我个人感觉是在教材编写的过程中，通过"做中学"填补了我很多知识空缺。

虽然我之前是研究语言学的，但是因为认知语言学比较关注语言使用，在研究中也做了很多语言观察，所以我在研究中获得的知识在教材编写过程中也起到了引领作用。当然在教材编写过程中出现了各种各样的困难，比如前面提过的很多我开始不太了解的地方，通过团队合作都渐渐克服了。我觉得团队合作很重要，还有在实践中体验特别重要。如果说只是跟我讲些大原则，可能我不太会有具体的概念，到具体设计时还是会觉得不知如何入手。幸运的是，实际上每个单元给到我时，体系要求都是特别具体的，而且有很多讨论机会。所以我觉得这些对我在教材编写方面的学习和成长都特别有帮助。团队合作也带给我很多新思路。

访谈者：参编过程中，您与编写组其他成员的互动交流所产生的影响主要体现在哪些方面？

田臻：在编写教材过程中我们的交流非常密切。首先，我们定期召开封闭会议，所有人都参加，有什么问题都可以及时交流，一些大的问题在讨论中都得到了很好的解决。我印象比较深刻的是教育部审查意见里讲到 Charity 单元的有些细节会让学生产生对社会的负面情绪，需要修改。那个单元中"Reading A"是给学生 to give or not give 的思考，让他们讨论是什么因素促使人们去做慈善活动。当时课文里放了一张图片：有一个人在街边乞讨，另一个人给他钱。提出的问题是：如果你在路上遇到这种乞讨者，你应该怎么样去做？当时教育部的意见是，这可能使学生对于社会产生不好的印象。其实现在街边乞讨的现象确实不那么多了，有关部门也在解决困难人群的实际问题。当时主编束老师给了我们挺多建议，让我们向各地的慈善基金会了解相关情况，并根据实际情况做修改。后续我们整个主题的修改和图片的替换，以及主体的某个部分的修改，束老师在大方向上和具体的修改方面都给出了非常好的指导和建议。

平时我更多的是跟副主编王蓓蕾老师、编辑老师、各册的负责老师交流。我们那时候不能说是 24 小时交流，但是通常晚上，哪怕到很晚，只要想到了什么就会及时沟通。交流的主要方式是个人的私信、电话，还有就是微信群。我们有各种各样的群，在群里面对于各个板块跟编写老师和编辑老师交流。很多问题反复讨论，我都不记得有多少条了，每天都有很多。而且还跟试用教材的一线老师交流。他们会给我们一些建议，指出哪些板块不太好用，学生接受情况怎么样，然后我们再做修改。

我们通过教材编写跟不同类型的老师和学者交流，得到不同方面的反馈。这也是团队协作的一个方面，就是了解跟人交流的合适方式，以及怎样更好地协作。在教材编写的过程中这些对我个人也产生很重要的影响。可能之前更多的是去开会，去呈现自己的研究观点。但是进入了这个编写团队之后我发现，如果要做好协作工作，各方面都要非常有效地沟通，最后才能做出成果，让大家更好地接受。所以在这个过程中我也积累了不少这种交流的经验。不同类型的合作者给了我不同方面的指导或是启发，对于我以后做研究也会有帮助。

访谈者：上外版《高中英语》是如何体现认知语言学特色的？

田臻：认知语言学是一个比较宽泛的概念，它关注人们的认知能力和语言使用之间的关系。人的认知能力包含很多方面，比如事物概念的形成、对事物的认知、人脑中存储的知识网、思维规律，这些都是认知语言学所关注的。我觉得我们这套教材比较好的一点就是特别关注使用者。编写过程都是以学生为中心，从主题的选择到整个活动的构建都是根据高中生当下的知识积累和他们的认知特点来考虑的。有些话题如果讲得太深了、太抽象了，学生可能不会有特别多的共鸣，对他们学习也没有那么多的帮助。但如果讲得太浅了，他们会觉得没有思维容量，没有挑战，那么学习积极性也不容易调动起来。所以我印象特别深的是这套教材对学生认知特点的把握是相当重视的。

我觉得以前学过的理论知识，像完型心理学，对教材编写也是很有帮助的。虽然理论听起来很抽象，但在应用中有重要的指导作用。以"图形–背景"概念为例，图形对应的是受到关注的部分，背景对应的是图形背后所涉及的庞大的知识体系。其实教材编写也是这样的理念，凸显部分是我们明示的部分，就是明确提出让学生去完成的活动。但是，要想完成这个活动，背后需要非常大的知识集支撑，包括相应的语言表达以及很多的常识。例如刚才提到的春游活动，做预算的过程涉及很多百科知识，如活动目的、设计框架、怎样将经济原理融合在活动中都是需要考虑的。我们可以这样理解，在活动中凸显的部分就是图形，而要完成活动所调用的所有隐性的知识就是背景。要想很好地完成活动，背后的知识支撑必须充足。考虑到这一点，在设计活动时我们添加了很多辅助知识，比如口语活动提供了短语和句式列表，也搭建了基本活动框架。潜移默化中很多语言学知识都可以在教材中有所反映。虽不能说是系统地应用，但我们这套教材在很大程度上是符合人的认知规律以及学生发展规律的。认知语言学关注语言的使用，关注语言使用者的身份、交际目的，关注使用的交际策略和整个的交际所遵循的原则，这些方面都在教材中有所体现。教材采用了比较具体、比较外化的形式体现，但是其实每个活动和问题背后都有很多的理念支撑。所以我觉得认知语言学的这些知识能运用到教材编写中是挺好的。我参与这套教材编写后感觉跟我以前的认知、对于使用者的了解等方面都是非常契合的，所以没有让我要花很多时间去调试的地方，我很快就能够了解理念并知道如何开展工作。

访谈者：在教材编写过程中，您是通过什么途径来了解高中生英语学习现状的？

田臻：教材从编写到使用经历了好几个阶段。从开始到审查之前是初稿编写，然后从 2019 年 4 月份开始有半年时间开展了教材试用。开始阶段我没有跟高中生有特别多的接触，更多的是从教研员、一线老师和团队合作者那里了解高中生的情况。后面的教材试用给了我比较直观的认识。当时我负责长宁区和松江区两个区 4 所学校的教材试用，经常去学校听课，观察学生的互动和反应，也收集了很多课堂录像，以便深入了解。经过教材试用，我得到了第一手资料，对高中生的语言水平、表达能力、课堂反应以及师生互动方面有了比较直观的了解。

我发现不同学校的学情很不一样，比如说市三女中这样的市重点学校，老师给学生的发挥空间很大。印象比较深刻的是在选择性必修第二册第四单元的试教课堂上，老师提出了一个问题——灾难之后你是应该留下还是离开？学生积极思考，踊跃发言。课上无论是对话还是活动，开展都很顺畅。学生们讲得很流利，其语言水平完全胜任课上的活动，有些学生甚至还可以讲出颇有创意的想法。但有些普通学校的学生可能产出就没有那么丰富，相对来说老师搭的支架特别多，课上一直在反复搭支架。我个人感觉，在不同学校老师的作用也是不一样的。重点学校里老师负责点拨，引领话题，然后学生积极地去思考和讨论。有些普通学校老师要花很大功夫把课堂知识铺垫好，然后学生才能有效输出。

所以我当时一方面认识到高中生普遍关注的兴趣点和认知规律，另一方面也了解到其实高中生的个性化差异还是挺大的。这为我后续设计配套资源提供了很多启示，就是设计要分层，使不同水平的学生都能在教材中有所得，有所取。所以说，通过教材试用我对学生的各方面情况有了更充分的了解。

新教材出版后我们又到学校里面做过一些调研，去了解教材使用情况以及老师们需要哪些教学上的支持。通过这些调研，我对于学生的使用情况有了更深的了解。通过走入课堂和参加教研活动，我对高中生的具体情况以及上海不同区的学情有了进一步认识。

访谈者：您参加此次教材编写有哪些收获？最大的收获是什么？为什么？

田臻：收获挺多的，其实刚才讲的很多都是收获。首先，对于高中学段学生的特点，包括他们对学习的期望、他们的关注点、他们的认知能力有了更直观的了解。这是第一个收获。

第二个收获是在教材编写方面积累了宝贵的经验。开始我对教材编写不是特别熟悉，但到后面我对于理念的理解和掌握有了很大进步，在试用过程中也不断在反思。有了这些经验，如果以后再参加教材编写工作，对于编写原则、理念、活动设计各方面上手会比较快一点。这是教材编写方面的收获。

第三个收获在于对语言学习的思考。有了教材编写的经验后，我想做一些语言习得方面的研究。我在编写教材之前在这方面没有太多的想法，更多的是关注语言本身。通过本次经历我觉得可以扩展自己的研究领域，这对我个人专业发展来讲也很有益处。具体来说，通过对学情的了解可以进一步研究高中学段、初中阶段、小学学段学生在不同的习得过程中的认知特点、学习方法和学习规律。前期我做的一些实证研究对象主要是成人，而且做汉语研究比较多，因为我觉得我们对于母语的语感是最好的，所以一般也好做比较和判断，做语言加工也比较方便。但当我接触了中学教材，通过教材的研究和对学生的了解，我逐渐觉得二语教学、二语学习真的是有很大研究空间。所以，我觉得从个人发展上，可能研究方向比以前有扩展。

还有就是，通过对教材插图的思考，我想到了可以扩展的研究领域。我们教材上的插图大多是装饰性的，但我在参加国际教材的审查中发现，他们教材中每张插图都是有意义的。比如生物学教材，且不说图片优美，赏心悦目，而且对内容理解很有帮助。讲到植物，每一张图片都会跟文中内容联系起来；讲到植物根茎的特点，展示了几个不同的根茎，对知识点有非常直观的说明。我当时就想，原来插图其实也是大有文章的。我们可以做个眼动实验，在文本中放不同类型的图片让学生去看，然后观察他的眼动情况，就是眼睛在图片上停留的情况，他的目光轨迹。我觉得这个也很有意思。

所以，教材编写给了我很多研究的灵感。这个过程对个人专业发展肯定是至关重要的，我觉得人的所有经历都会对人生和将来发生的事情产生影响。而对我而言，我觉得教材编写应该是帮我打开了一扇窗，让我看到了其他领域更加丰富的世界，可以让我有所思考，在自己的专业发展上有一些变化和扩展，确实挺好。

至于教学方面，因为我是研究岗，所以对于教学是没有要求的。但是我在国教学院上预科生的课，他们有一些少数民族生。这个群体我觉得蛮有趣的。他们是成人，从未学过英语。他们需要上两年预科，把语言补上才能上一年级。这个群体的特点就是：他们的认知能力很高，但是语言能力跟不上。其实这对于我教学有一定难度，如果选择语言程度匹配的材料，内容对他们就特别简单。我开始找的是小学教材，因为他们甚至连 ABCD 都没学过，所以就得从头开始学。我选的是 *New Grammar Time*，朗文出版社出版的一套原版教材，内容是挺风趣的。但是，教材里讲的都是小学生关注的话题，我的学生就觉得很简单，思维上面没有给他们带来太大的提升。此外，这套教材每一册是螺旋上升的，同样的主题会反复地出现，语法知识点也会不断重复。这对于成人来讲节奏太慢了，因为他们一旦掌握了一个知识点，就想要知道怎么样更好地在更加复杂的场合来应用它。于是，我就根据教材体系和内容提供补充材料。在选择补充材料时我觉得教材编写经历对我有很大影响，我会特别关注学生的特点，我一直在揣摩他们这个类型的学生需要什么，他们的认知特点怎样，他们的语言特点和认知特点之间的矛盾用何种方式化解。

所以，在材料选择和课程设计过程中，我感受到教材编写有助于我这段时间的教学，它带给我思想观念的转换，根本上扭转了我以前的想法。以前我可能更多的是关注我教的内容本身，但是做了教材编写之后，我会想，教的内容学生是否喜欢，他们能否接受，他们能学到什么。所以无论以后教什么课，我觉得这个思维应该是会继续留存在我脑海中的。

还有一点，教材编写需要关注学生其他学科的能力，了解其他学科都学到什么程度，我们的教材需要与其匹配。我把这一点也用到了课堂教学当中，经常会去看学生其他课程都在学什么，然后再考虑给他们设计什么样类型的任务比较合适。我以前对于教学没有那么多感悟和方法，但参加教材编写后有很多改变。教材编写和教学是紧密相关的。一套教材在编的过程中编者要考虑教什么类型的知识、不同板块要怎么用、策略怎么添加。所以我觉得，教材编写是一个综合任务。虽然我们编写的是教学内容，但是我们要关注很多东西。我个人认为这个过程中对教学方面的思考还是有很重要的影响，可能不是理论层面的影响，但是我会做很多具体的考量，思考如何开展教学。

访谈者：您是否认同"参与教材编写可以作为教师发展的一种有效方式"这一观点？若是，您认为应该如何推进该方式？为什么？

田臻：当然，这是非常好的方式。教材编写涉及各种各样的知识，它真的是一项非常专业的工作。所以说，我们急需专业团队，需要专门人才来做这件事情。而且我相信，如果一位老师教材能编得好的话，他在教学上也会有很多反思。我们这次邀请来的一线教师很多都是特别有经验的优秀老师，他们在编写过程中一直在考虑怎么样去教、怎么样教得好。所以语言习得、教学以及教材编写的开展是需要专业素养的，并且可以有很大的影响或辐射。教材编写人才在教学方面应该也会比较出色，因为他们有很多的视角去考虑教材的内容和使用情况。前面其实我个人感受当中也有提到编教材对我的教学有很大影响，让我关注到了很多在以前教学中没有关注的地方，所以我觉得编写教材后教学上肯定是有提高的。

如果想教好一门课程，对于教材的掌握越清楚、越精准，越能教好，越能锦上添花，教学方式的应用就越成熟。所以，如果教师能有一定的教材编写知识，对他们之后的教学绝对有很大益处。

我们在中学老师中做过一些调研，老师们在分析教材时，也都在思考教材理念是什么，怎样才能深入理解理念。所以，我觉得如果他们先期有这方面的知识和理念，肯定有助于教学。

访谈者：能否基于本次教材编写经历谈谈您对未来教材编写的建议？

田臻：后续的教材编写已经是在高中教材编写的基础上来做。初中教材的话，我们着手比较早，现在已经建设了很多不同的体系，像语用体系、口语体系、语法体系、词汇体系。前期也做了很多调研，分析了很多国内外教材，写了研究报告。

我们现在在做一些汇总工作，一方面是对于国内教材和国外教材相关体系的梳理，另一方面就是做文献整理。还有，就是整理各个国家和地区的课标。

我觉得前期经验都能用在后期教材编写上，包括筹备工作和编写流程。我相信后续的体系搭建、材料选择、活动设计等方面，都会借鉴高中教材编写的经验。

在不断尝试与坚持中提升教材编写品质

——学生用书、教学参考资料编者杨红燕访谈

作者简介

杨红燕,英语语言文学专业博士,中国地质大学（武汉）外国语学院副教授。从事英语教育教学二十余年,曾获中国地质大学（武汉）"教学优秀奖""优秀学务指导""青年教师讲课比赛优秀奖"等荣誉称号。研究方向为外语教育,在《外语界》、《外语教学》、*Current Issues in Language Planning* 等国内外期刊发表论文十余篇,参加多本辞典及教辅用书的编写,主持各级教研、科研项目五项。担任上外版《高中英语》学生用书、教学参考资料编者。

访谈者：您是通过怎样的契机参与到上外版《高中英语》的编写工作中的?

杨红燕：我记得大约是 2017 年,束老师开始筹备高中英语教材编写。当时高中英语的新课程标准还没有正式颁布,束老师就已经开始筹备资源库建设项目。这个项目由王蓓蕾老师负责协调。我博士期间的研究方向是外语教学。在上海外国语大学读书的时候,我和同届的米保富老师、王蓓蕾老师、安琳老师、朱彦老师等几位同门接触比较多,大家相互比较了解,在学术上经常一起讨论,相处得也很愉快,所以这个项目启动的时候,王蓓蕾老师就邀请我跟米保富老师一起参加。我和米保富老师都很开心被吸纳到这个编写团

队中。2017 年暑假，外教社举办了高中英语资源库建设的会议。当时是我博士毕业的第二年，我也想着回到度过了几年时光的上外去看看，看望束老师和同门。从那次会议开始我便正式加入到编写工作中了，应该算是比较早加入编写工作并坚持到最后的成员之一。

访谈者：能否请您简述上外版《高中英语》的编写过程？

杨红燕：在我参加第一次会议的时候，教材编写中心组已经做了一个样课。样课主题是环保。这个样课让我们编者有了一个大致的思路和框架，方便大家进行分工，并能够较快地开始着手去做。会议结束后不久，我们就着手编写一册，一册共四个单元。当时我、王蓓蕾老师，还有徐继田老师分在一个编写组。编写开始后，我们之间的联系非常频繁。我参与编写的那一个单元的主课文选文后来也保留在了正式出版的教材里，就是乔布斯在斯坦福演讲的讲稿，在必修第三册的第一单元，这是我们初次编写的四个单元中唯一保留下来的一篇选文，其他的选文都在专家审查过程中被否定了。选文被否定有各种各样的原因，这也说明了选文的重要性。我们当时每个人分了一个单元，然后大家就开始了教材的编写工作。

编写之初，中心组对于教材编写的思路也在摸索当中。我是最先开始参与四个单元编写的人员之一，其实也是在摸索。在编写的过程中，大家有很多的讨论。我因为不在上海，主要通过网络跟同组的两位老师讨论。每次讨论都很有成效，因为开始编写的时候，会有不少困惑，在讨论过程中，我们的思想不断地碰撞，然后对编写内容不断地改进，不断地调整。最终我完成了以 Secret to Success 为主题的单元初稿。初稿经过专家审阅以后，发现还是存在不少问题，中心组随之重新调整了一些编写思路。

之后，我还承担了在这个单元基础上修改、为教材编写提供模板单元的任务。为什么让我提供一个模板单元给大家参考呢？我前面提到我们送审的四个单元经过专家审阅以后，只有我那个单元的乔布斯演讲的那一篇文章保留了下来。当时时间已经到了 2018 年，新课标已经颁布了，需要启动各册多个单元的编写工作，加上暑假要进行封闭研讨，封闭前要做出一个单元样课给大家参考。中心组考虑由我来做这个模板单元，是因为我的单元已初具雏形。虽说工作量相对稍微小一点，但修改一个完整的单元，时间还是有点紧张。也正因为时间确实太紧张了，当时我感觉单元稿做出来效果不是很理想。不过这一个单元把中心组设计的应该包含的具体板块和编写思路都呈现了出来。

我现在还清晰地记得最后定稿的那天晚上，束老师和中心组的几位老师还在同我讨论样课存在哪些问题，怎么样去修改。我觉得这个过程中跟团队成员之间的讨论是非常受益的。我之前参加教辅、辞典的编写都没有密度这么高、涉及面这么广的讨论。这次高中教材编写把众多编者聚集起来，一起出谋划策，即使不是封闭研讨期间，大家也经常在网上讨论和修改。做出这个新样课后，就有了一个可参考的模板，编者们可以开始在分册负责人的组织和协调下分单元编写了。我共参与了三册三个单元的编写，任务还是比较重的。好在在编写组的协调组织下，不同册的编写工作齐头并进，最终也顺利完成了。

对于我个人来说，教材编写过程中比较困难的地方在于不好把握高中阶段学生的实际学情。因为我不是高中老师，确实不太了解高中生的认知水平、语言能力等。多亏我参与编写的单元团队里有很多经验丰富的一线高中老师和教研员，在和他们的交流中，我对高中学情有了准确的认识。我们还是挺喜欢编写教材的。编写教材不同于写文章，我觉得编写教材是用自己的专业知识帮助别人，确确实实能够做一件有意义的事情。而且，写文章即便是文章发表了，其实受益的人并不会像教材这么多。

访谈者：上外版《高中英语》的编写过程中有没有什么让您印象深刻的事情？为什么？

杨红燕：和大多数编写组成员一样，我并不是专职从事编写工作的。我的工作单位在武汉，在教材编写过程中我还出国访学了一年。好在编写组有比较完备的工作机制，沟通过程十分顺畅。编写过程中，中心组会整体把关，给出明确的意见，编者再根据意见逐步推进，整个编写过程还是相对比较高效的。

我印象深刻的首先是王蓓蕾老师、徐继田老师和我在编写初始阶段的研讨。项目刚启动的时候，其实我们还是在摸着石头过河。虽然我在外语教学领域有一定的教学经验和研究基础，但我毕竟不是做教材研究的，而且对基础教育也没有特别深入的了解。在我们小组里，徐老师给了我们非常多的建议。从徐老师那里我获得了很多关于一线高中教学的信息，对我的编写有很大帮助。

给我印象尤其深刻的就是编样课前夜的研讨。主编束老师也参加了在线讨论。那天晚上我们边讨论边修改，一直工作到了深夜。虽然非常疲劳，但大家还是十分耐心地、一项一项地给我提供建议。因为样课是以我做的单元为基础的，所以讨论后我还要根据讨论意见完成修改。那天我修改到了凌晨三点多钟，当时就是想着要把样课赶紧弄完，以便教材编写工作顺利推进。

印象比较深刻的还有在已经差不多完成一个单元的编写后，在专家审查过程中，选文被否定时的沮丧和失落。选文被否定就意味着所有的工作都白费了，要重头再来。不过换个角度想，这都是为了提高教材的质量。

教材编写过程中，我们进行了很多次的研讨，现在都想不起到底有多少人给了我多少帮助。从研讨中我得到很多收获。我们编者的理念也很契合，或者说我们的想法都能得到彼此的支持。同时，因为工作背景、经历的不同，我们还能给彼此一些新的视角。我很享受跟大家一起工作的氛围。在整个编写团队中，每个人都非常努力地给别人提供支持、帮助、资源等，每个人都有很强的参与感和获得感。这次教材编写让我感觉到自己在和一群优秀的教育工作者用专业为社会服务，这也是支撑着我在高压下坚持到最后的动力。正是这股共同体的力量一直在激励着我不停地前进、探索。我记得在我读硕士的时候，束老师就建议我们要多关注我国的基础教育，可以尝试从事相关工作；后来读博了也是这样，束老师教导我们，做外语教学研究一定不能脱离实践。我想做教材也是一样的，是在实践专业知识，或者说把自己对外语教学的想法、理念付诸实践。这样的经历肯定会让人终生难忘。

访谈者：请问您之前是否参加过教材编写或者修订工作？

杨红燕：我没有参加过正式教材的编写工作，但我参与过一些教辅还有辞典的编写。真正参与国家课程教材编写还是第一次。我觉得在编写的过程当中，学到了很多东西。以前只是选用教材，对教材了解不深，因为毕竟没有跟编者一起交流过，对教材中一些理念不是很明确。但是这次参与编写教材就不一样了，是从一个编者的角度来确定用什么样的理念、什么样的方式保证教材质量，这些都促使我自己将来在使用教材时更加全面地去审视教材。

访谈者：您是否认为自己的某些经历或者特长助力了您的教材编写？

杨红燕：我之前从不同角度思考过这样的问题。我平时从事外语教学理论研究，有一定的学术研究基础；另外，我也是一名大学教师，有多年的教学经验。加入到这样一个教材编写组，我该怎么样用我接受过的专业训练和实践经验来帮助我把教材编得更好？我觉得很难一下子找到某一条理论，或者从我接受的专业训练中的某一个方面，来解决编写中遇到的难题，更多的是已有的经历和特长起到了综合性的作用，由此来助力教材编写。

我很难说我知道的某个理论或掌握的某种技能直接作用于教材编写，但在教材编写中的每一个选择和决定绝对离不开我自己的教学经历和接受过的专业训练，可以说，自己的教学探索已经内化成了自己的教学理念，然后潜移默化地影响到我的教材编写。我之前一直在做跟动机相关的研究，这就让我在选材，还有活动设计方面，会考虑到不同阶段的学生需要怎样的方式去促进外语学习的动机。具体来说，外语学习是一个复杂的过程，虽然说内在的动机可能比较长效，但实际上刚开始的时候，很多激发性的、触动性的因素其实都是外在的，所以在编教材的时候应该考虑到这一点，通过课文、活动、教学方式等这些外在因素激发学生学习兴趣。总的来说，曾经接受的专业训练，还有平时的教学经历肯定会助力我编写教材。

访谈者：为了更好地完成此次编写任务，您有没有做出一些新的尝试或者是一些其他的努力？

杨红燕：我感觉教材编写就是一个不断努力和尝试的过程，比如任务或活动的设计，都是每个编者充分发挥自己创意的领地。另外，新的尝试也体现在选文方面。我们通常都是通过主题关键词来搜索选文，这样搜到的选文比较有限，后来就先列举单元主题的语境和意义，根据语境和意义多列举几个相关的关键词，然后再进行选文的检索，这样就能够搜到更丰富的材料。因为选文是单元编写的灵魂，选文定了，其他工作才能跟进。如果说还有其他方面的努力，那就是中国文化、活动设计等素材的积累。平时注意收集相关的素材会帮助自己更加顺利地完成编写任务。

访谈者：您参加此次教材编写有哪些收获？最大的收获是什么？为什么？

杨红燕：我在好几个方面都有收获。我觉得最大的收获应该还是在教学方面吧。参加教材编写促进了我的教学。首先，通过高中教材编写，我在教材使用，特别是教学设计方面有了一定的提升，思路变得更开阔。我从事了 20 年的外语教学工作。像我这样多年从事教学工作的教师，有的课都教了很多轮了，其实心态上已经比较疲倦了，教学创新的动力也消耗殆尽了。我自认为我还是属于那种不会老是守着一门课来教的人。我曾申请了出国访学、读博等，等我再回学校教学的时候，原先的课可能就没有了或是被别的老师接下来了，就会换成新的课程去教。但是即便是这样，有的课我至少也上了三四轮，都不可避免地会感到疲倦，可能慢慢就倾向不会再去尝试做一些改变。

通过此次教材编写，我的视野变得更宽广了一些，会促使我在自己的教学上面不停地去补充材料，或者尝试一些改变。我觉得我在参加编写工作以后，再给我的学生上课的时候，有个很突出的变化，就是每一轮上的材料都会不断地更新。这个过程确实自己会辛苦一点，但是还是值得的。有的时候真的是惰性让我们停滞不前，会认为都备好课了，不想改了。通过编教材，我就觉得更换教学材料虽然会辛苦一点，但是课堂教学的效果会不一样，学生的反应也会成为教师的成就感来源，成为教师的动力。还有一点，这套教材的主要使用对象是高中生，有别于我在大学进行教学的对象，因此我在编写过程中，常常提醒自己要尽可能地站在编者的角度而不是大学教师的角度去考虑问题、去满足学生的需求。相反地，在我面对大学生开展教学时，我会自然地在脑海里构思面对不同程度的学生该如何设计和呈现活动。我认为参与教材编写对我的教学是很有帮助的。

其次，我认为参编教材极大地提升了我的素材搜集能力。在这个过程中我也积累了一定的教学资源，提升了我的教学资源储备。我觉得教材编写中一个非常重要、且任务量相对较重的工作就是选文。每位编者在初始阶段都选了很多篇材料，每个主题至少都有五篇，然后再进行严格审查筛选，最后再拿到封闭期间的研讨会上逐篇讨论。教材具有特殊性，很多选文由于种种原因最终没有过审，这样又会回到起点、又要重新找。我们在编写启动阶段就有一次专门针对选文开展的封闭研讨会，这样的集中工作能很有效地帮助编者找准问题、及时反馈、积累经验。

通过后续的一些编写工作和我的个人教学经历，我认为选材工作做得扎实会节约很多精力，也会为配套材料编写和自己的教学工作提供资源。比如，通过前期的选文，我在后来编配套阅读的时候会更有方向性。虽然配套阅读这套书的编写理念会稍有不同，但我们还是能从之前的教材资源库中找到合适的材料。再比如说，我现在教的有些是辅修英语的其他专业的学生，我就可以在教学中补充一些我在参编过程中积累的选文。虽然这些选文是以高中生为对象去选的，但是未经改写的文章的难度还是比较适合非英语专业的大学生。在教材选文中会有很多舍弃，但精心选出来的文章我都保留了，因为很多材料在日常教学中还是可以利用的。还有，在参编过程中做好选材工作，除了可以拓展教学材料资源，也可以拓展我们对教学材料的认识。虽然高中英语跟我在大学教授的课程难度并不完全匹配，但是编写教材、寻找选文的过程，可以不断地打磨我选材和改写的能力，也会扩充我外语学科之外的知识储备，熟悉找合适选文的途径。虽然大部分老师日常都会很认真地备课，但可能不会像编写教材工作中找选文这样不停地找很多新素材。教材编写锻炼了我找素材的能力，我发现我在备课的时候，会更快地找到合适的补充选文或视频，类似于把在编教材时用到的一些选材的方法，直接用到我平常备课和教学过程中去，我觉得还是挺受用的。

另外就是，我认为参与教材编写磨炼了我的意志。编教材其实真的是挺苦挺累的活。我记得在第一次编写组研讨会上，程晓堂老师就开玩笑说："跟谁有仇，就让他去编教材吧。"这虽是一句玩笑话，但我对这句话印象深刻，对其中的辛苦也有一定的体会。在上外版《高中英语》的编写过程中，也有一些老师因为种种原因，中途退出了。我想这跟人生路上的很多事情一样，都是在中间会有一个比较辛苦的阶段。我参与了编写过程并坚持下来了，也算是对自己的一种磨砺，锻炼了毅力。

还有一点，我认为也是很重要的一点，就是在参编过程中，我学习到了该如何去看待或者是接受别人提出的建议。我觉得这也是一个收获。因为我们编写的每一稿都要给国内外专家、学者审核并由他们给出反馈意见，然后编者要根据反馈意见来做修改。其实在这个过程当中，并不是所有人都能够非常开心地去接受别人提出的建议，因为有时候反馈的建议还比较犀利。编者在一起聊天，也会吐槽一些修改建议不太合理。刚开始，我也不知道怎么样去平衡。在这个过程当中，可能也会有部分意见是因为提意见的人没有完全了解编者的设计意图。经过数次的反馈和修改，我觉得我在这一方面慢慢成长起来，知道了怎样合理地去处理这些修改建议。后来我们编配套阅读材料的时候，我邀请了我自己的一个同事来帮我编题目。因为她是第一次接触教材编写的相关工作，可能对如何回应修改建议会感到比较有压力，就问我该怎么改。我就跟她说，别人提的任何一条建议，都是有一定的立场的，都是应该值得我们思考的；即便你不认可，也要想一下是什么导致他们提出这样的建议。这对我来说也是一个很大的收获。

此外，参加了教材编写后，我对教材研究也产生了一些兴趣，现在自己确实也在考虑做相关研究。我也有考虑指导我自己的研究生做一些与教材相关的研究，并基于研究来写他们的毕业论文。我正在让我的一位研究生看教材分析方面的文献，到他论文开题的时候，我们的教材应该完全出来了。可以的话，我想让他基于我们编写的教材开展毕业论文研究。

访谈者：您是否认同"参与教材编写可以作为教师发展的一种有效方式"这一观点？若是，您认为应该如何推进该方式？为什么？

杨红燕：就我自己的经历看，在教材编写过程中我的确收获了很多。我觉得教材编写是完全可以促进教师发展的。但不像写论文、报项目，或者是参加教师培训，教师是可以自己个人去报名，可以主动去选择，教材编写，特别是国家级教材，事关重大，因此教材编写主要还是面向一部分老师，可能涉及面还比较有限。教材编写是一个综合性的活动，是有可能给老师们一个个人发展的切入点，还可以用来申请相关课题。现在很多学校都有对教材编写的立项支持，但这也会有一定的问题，因为有的老师会从比较功利性的角度考虑去报教材立项，编教材可能对他来说就是职称评定中的一个条件。如果一套教材的编写主要用于满足功利性目的，那么编出的教材可能并没有多少使用量，教材质量也不太高，受益面很窄。现在教材种类纷繁，同质化现象严重，实际是不需要重复地编教材，除非是特色性的教材或高质量的教材。如果说一本教材只是为了功利性的目的被编写出来，但却不被使用，从我个人角度来说，不是很赞同。所以对于教师发展来说，推广教材编写这种方式，我认为只能推广到一部分老师，因为只有全情投入到教材编写当中的这部分老师才能受益；如果就是为了编教材而编教材，我觉得没有意义，也很难推动长效的教师发展。

访谈者：能否基于本次教材编写经历谈谈您对未来教材编写的建议？

杨红燕：我的建议主要是站在编者角度，希望在编写教材的过程当中，避免一些无用功，让编者将主要精力放在一些有创意的活动设计上，也会加快教材编写的效率。所以希望中心组能够从一开始就做好顶层设计，能够和专家多沟通，设计出比较清晰的编写框架，这样就可以减少教材编写中一些迂回曲折的工作或重复性的工作，帮助编者少走一点弯路，把更多的精力用在一些有效的改进上。

一个人可以走得很快，跟着团队可以走得很远
——学生用书、教学参考资料编者唐树华访谈

作者简介

唐树华，教授，上海外国语大学博士毕业，复旦大学外国语言文学博士后流动站博士后。2005 年于美国内华达州立大学短训，2006 年受国家留学基金委资助，于新加坡南洋理工大学国立教育学院进修，2012 年至今多次赴澳大利亚昆士兰大学、英国中央兰开夏大学等进修。主攻认知语言学及其应用研究，研究方向涉及认知语言学、汉英对比、语料库相关研  究、翻译研究等。在《外国语》《外语教学与研究》《外语教学》等刊物上发表学术论文多篇，主持教育部人文社科项目、上海市科研创新项目、上海市高校 085 项目子项目、上海外国语大学研究生课题等，参与国家社科项目若干项。被《中国应用语言学》（*Chinese Journal of Applied Linguistics*）等刊物聘为外审。担任上外版《高中英语》学生用书、教学参考资料编者。

访谈者：您是通过怎样的契机参与到上外版《高中英语》的编写工作中的？

唐树华：一次偶然的机会，我从短暂帮忙变成深度参与到选择性必修第四册的编写中，并主导了第四单元的编写。加入教材编写组是因为对中心组老师的信任，知道和他们一起共事，一定会有收获，会有很多学习的机会。

访谈者：上外版《高中英语》的编写过程中有没有什么让您印象深刻的事情？为什么？

唐树华：印象特别深刻的事情就是自己做的东西老达不到要求，很抓狂。有一次在设计批判性思维活动时总是达不到主编的要求。那时我觉得自己好像已经达到了智力的极限，但是就是不符合要求。我记得当时心情是比较低落的。后来中心组老师一起帮忙解决了问题。束老师、吕老师、王蓓蕾老师、安琳老师以及团队的其他几位老师不断地给我出点子，然后大家在互相的肯定和否定当中盘旋着往前推进。

最后活动设计出来发现，经过很多折腾和折磨的最终版本比以前要好很多。编者有时候是根据自己的第一直觉想到一个点子就会很激动，觉得自己的想法很好，往往自我欣赏。但是其实可能没有太多去考虑综合因素，比如读者的感受和语言水平。其实我没有高中教学实践经历，所以我是根据自己平常在大学教书的经验来做的，选材和编写的思路也停留在大学教书的体验上，这也就是一开始被要求修改的时候会非常痛苦的原因。但是修改了之后觉得最终版本得到了很大的完善，毕竟它是几乎所有的人都被逼到了极限得出的成果。

访谈者：您是否认为自己的某些经历或者特长助力了您的教材编写？

唐树华：我觉得还是对于自己所编写部分的兴趣吧。我负责编写的单元的主题是"走近经典"。我有一些阅读经典的经历，阅读过程我非常享受，这方面的积累对我编这一单元发挥了积极作用。

另外，我觉得中心组很多老师的语言学研究方向一致，也形成了大方向上的一致和认同。其实编教材是一个非常沮丧的过程，不断地被折磨。在这个折磨的过程中，心里要有信念，否则就会垮掉。有时候编到已经完全崩溃了，觉得没有办法可以做得更好时，可以依赖中心组老师给一些灵感，并且确信他们的灵感比自己的想法更好。这就是一个团队凝聚力的作用吧。我们是一个语言学圈子，或者是一个语言学和教学相结合的一个圈子。在这个圈子里面，大家对彼此都很信任。尽管很苦，但是我还很愿意坚持到最后。具体来说，认知语言学基于使用的语言观是理论前提和共识，在这个基础上，我们去选择符合学生认知的材料，扩大语言使用的质和量。在找材料方面是基于文本，而不是机械地强调语法规则，这些可能跟语言学的理念是有很大关系的。

访谈者：参编过程中，您与编写组其他成员的互动交流所产生的影响主要体现在哪些方面？

唐树华：我觉得就是全方位地向其他老师学习。在编写过程中有时候会很急躁，但是也看到别的老师承受的压力比自己更大，经受的脑力和体力消耗更多。这些让我认识到，作为一个个体，其实大家有不同的能力和不同的承受力的极限。我从他们身上学到很多，很佩服他们，也认识到自己的局限，认识到别的老师在很多方面都比我做得更好。

作为一个大学老师，我和组内一线中学老师以及其他方向的研究者之间有很多思想上的碰撞，在日常交流中互相学习和成长。我觉得在这个过程中我90%以上的时间都在佩服别人。比如在教材试用阶段去一线课堂听课时，我就发现上海的高中老师水平太高了。他们解读文本的能力非常强，能够结合课标要求，同时又有推动学生学习的能力。他们的课堂设计和课堂规范都很棒。他们真的是特别了不起，课堂很惊艳。

另外，我也发自内心佩服中心组老师。他们在承受着数倍于我们压力的情况下来做这件事情，而且还做得那么完美，真的是让人心生敬意。我觉得这个团队的成员都很强大。

访谈者：您参加此次教材编写有哪些收获？最大的收获是什么？为什么？

唐树华：团队里面大家群策群力，提供各种想法，有时候大家给出的一些想法经常是自己想不到的，这是一个方面的收获。另外，收获了战友情。我们的团队，年龄从大到小，都是团结友爱和积极向上的。虽然我们会有不同的意见，但是特别好的一点就是大家的目标都是一致的，就是想把教材做好。所以我觉得一个团队共同努力去尽可能地实现更好的理念，真的很幸福。

访谈者：这些收获在多大程度上对您的专业发展产生了影响？

唐树华：对于我的研究兴趣和方向还是有较大启发的。比如我现在对教材编写更了解了，如果我将来研究能对培养学生的语言能力有效的最核心的材料应该是怎么样的，就会有更好的把握。另外，正是编写教材过程中对选材的思考，让我感觉到我们在教材语篇丰富性、经典性上还有很多功课可做。

其实我平时的教学思路和高中课标的理念是不谋而合的，比如批判性思维，还有融合听说读等技能。这些都是我特别喜欢的理念，其实我也一直在践行。

访谈者：您认为教材编写团队人员应具备哪些能力？

唐树华：我认为大文科基础好的人一定能把这件事做好。另外，一线教学经验丰富的优秀教师一定可以给编写团队增加很多的亮点。再就是要有语言学方面的专家来把关整体走向。所以客观来讲，我们的编写团队是优秀的团队，因为它具备我刚才说的几点。主编束老师有语言学方向的背景，他绝不可能把教材理念方向走偏；同时他也是研究教学的。所以，语言学理论总把关，教学实践来支撑和检验，真的是很完美。

访谈者：您是否认同"参与教材编写可以作为教师发展的一种有效方式"这一观点？若是，您认为应该如何推进该方式？为什么？

唐树华：我觉得肯定是的。其实，一套新的教材推出来，如果某位老师是教材编写的参与者，一定能够促使他对教材有更好的理解。同时对于他的教学过程、教学内容的选择、教学目标和理念的实现都是有促进作用的。

我觉得教材编写的确是教师发展的有效途径，不过要推广就好像太难。如果每个老师都能参与一小部分，了解编写的整个过程，肯定是很好的，不过，这是很难办到的。

当时我们是去青浦区试教的。试教团队安排非常有效，他们先让青年教师讲课和录课，然后课程团队的其他老师和我们一起坐下来讨论和反思整堂课的进程和需要改进的地方。试教老师会提出自己上课的困难之处，而我们编者会告诉他们编写理念是什么，再一起讨论解决方案。这个沟通过程真的很好，一轮两轮交流下来，思路越来越清晰，对彼此都有帮助。

通过教材编写者和使用者的交流，让使用者意识到教材的编写理念，加深他们对教材的理解，也可以促进他们的发展。

访谈者：能否基于本次教材编写经历谈谈您对未来教材编写的建议？

唐树华：我觉得教材编写最主要的是选材。我认为，在选材过程中，特别需要有三种人参与，第一是要有语言学研究背景的老师负责理念的把握。第二是要有一线教师参与。第三是今后还需要吸纳懂英美文学，尤其是儿童文学的人来参加到选材的过程中。这是特别重要的，因为它决定了选材的质量。

另外，选材一定要在开始时尽量做得完美。如果一些不是很懂国外儿童作品，或者文学作品的人，就某个主题在网上东找一篇，西找一篇，如果被否定再换一篇，就会浪费很多时间。一个人的选材能力不是短期努力就能提高的，所以先不要急着编，要先把材料选对。编的人和选材的人不一定要是同一个人，可以由专家来配合选材，选完了再来由其他的人来编。如果选材很成功，后面的编写工作就会顺畅很多，也不会由于推翻重来浪费时间。经典的选材会为学生打开通往某一领域的大门，让他们看到更精彩的世界。

踔厉奋发，研精致思，行而不辍，功不唐捐
——学生用书板块负责人、教学参考资料编者刘宝莹访谈

作者简介

刘宝莹，中学高级教师，浦东新区骨干教师。毕业于上海外国语大学，目前就职于上海外国语大学附属浦东外国语学校，兼任上海市英语教育教学研究基地兼职研究员。曾多次荣获市、区级荣誉称号，在国家级及市、区级教学科研评比中多次获奖，并在公开书籍和刊物上发表学术论文多篇。担任上外版《高中英语》学生用书板块负责人、教学参考资料编者。

访谈者：您是通过怎样的契机参与到上外版《高中英语》的编写工作中的？

刘宝莹：能够参与到上外版《高中英语》的编写工作中，我觉得非常荣幸。非常感谢安琳老师的引荐。说来也巧，我在 2017 年的时候成为英语基地的兼职研究员，在参与初中的一些项目活动中跟安琳老师有了比较多也比较深入的对话与交流。后来，在 2018 年暑假的一天，我接到了安琳老师的电话，当时她说高中教材编写的任务比较艰巨，考虑到初高中的衔接，需要若干有初中英语教学背景的老师加入到这个编写团队中。在我担任英语基地兼职研究员期间，安琳老师对我的工作态度及工作能力颇为了解及肯定，因此，她非常信任我，邀请我参与高中英语新教材的编写。其实一开始我

102

是很诚惶诚恐的，因为我觉得，我是一名初中英语教师，让我参加
高中英语教材的编写，我担心自己可能会能力不够。但是安琳老师
一直鼓励我，所以后来我觉得还是可以试一试，就这样，我加入了
高中英语新教材的编写团队。

在我加入了编写团队后，考虑到我在学校的工作比较繁忙，而
新教材的编写工作需要全身心的投入，因此，主编束教授跟我们学
校进行了沟通，把我借调到基地工作了一年。从 2018 年 9 月到 2019
年的 7 月，我是全职参与高中英语新教材的编写工作。在这一年
中，一开始我主要负责选文，后来也参加了样课的打磨、板块活动
的设计、初稿的审读反馈等。我还单独负责了文学角的选文和编写
工作。此外，我还参与了后期的一些工作，比如到试教试用学校调
研，同专家、教研员和一线教师进行座谈，以及梳理专家反馈意见
等，同时我还编制了教材编写方案中的单元属性表。可以说，我较
完整地参与了高中英语新教材的编写全过程。对于教材配套教学参
考资料的编写，我也是一开始就参与了，主要负责两个完整单元和
两篇文学角的编写。

**访谈者：上外版《高中英语》的编写过程中有没有什么让您印
象深刻的事情？为什么？**

刘宝莹：其实我觉得整个过程都是非常精彩、令人难忘的，尤
其让我印象深刻的是我们整个编写团队的各位老师，包括出版社的
各位责编老师，所体现出的高度敬业精神与专业素养。首先，从专
业素养的角度来说，束定芳教授、王蓓蕾老师、安琳老师等都是教
材编写方面的专家，拥有高瞻远瞩的教材编写理念、扎实系统的教
材编写理论以及丰富的教材编写实践经验，因此，本次上外版《高
中英语》新教材中就随处可见这样的前瞻性、创造性、系统性、启
发性。再比如，我们责编老师都非常细致严谨，不管是一篇选文、
一个语法知识点，还是一个单词，甚至到一个标点符号，他们都能
够以"小心求证"的态度去对待，去积极主动查阅各种资料，不放
过任何一个细节。

其次，从敬业精神的角度来说，在整个教材的编写过程中，夙兴夜寐是常态，但是没有一位老师有丝毫怨言，大家经常在凌晨还在沟通教材编写的事宜，精益求精，充满工作激情。让我印象很深刻的是，在我刚刚参加教材编写工作的时候，有一天我们开会打磨样课，开完会已经晚上 8 点钟了，但是样课我们觉得还不是特别满意，所以，在会后，王蓓蕾老师、安琳老师、陆轶晖老师、何幼平老师、沈华老师、美编老师，还有我，又都留下来在基地办公室继续打磨。因为安琳老师当时还在哺乳期，所以后来被我们竭力劝回了，但是她到家以后还是通过手机不停地跟我们沟通，同我们商量如何进行修改。等忙完，我们走出校园的时候，已经是凌晨 12 点了，但是大家毫无倦意与睡意。所以，在整个编写过程中，让我印象最深刻的就是各位老师的专业和敬业，这也是非常令我钦佩、值得我学习的地方。

访谈者：您是否认为自己的某些经历或者特长助力了您的教材编写？

刘宝莹：我参加过校本教材的编写工作，或多或少为这一次的高中英语教材编写奠定了一些基础。此外，在担任上海市英语教育教学研究基地兼职研究员期间，我参与了"英语教材活动设计策略与案例"这个项目，主要负责教材的分析与调研。我觉得这些经历都为我积累了教材编写所需的知识与技能。

其次，我自认为学习能力较强，因此，虽然可能一开始我在教材编写方面的理论与实践经验都比较欠缺，但是在加入编写团队后，我能够始终积极主动地通过阅读书籍学习、向各位老师请教，尽快去弥补自己理念上、知识上、技能上的欠缺，我觉得这可能也是我能够比较快地融入编写团队，进而顺利去开展编写工作的一个原因吧。

再次，我在信息化教学方面也有一定的特长，我曾荣获过全国教育教学信息化大奖赛基础教育组一等奖。在教材编写过程中，我觉得信息搜索能力非常重要，比如经常会有老师让我帮忙搜索一篇文章或者一张图片，或者去求证某种表达、某一事实，绝大多数情况下我都能够很快找到，因此，老师们对我印象深刻，夸赞我工作效率很高，甚至有老师开玩笑说"宝莹老师那里有宝藏"。较强的信息搜索能力这一特长能够让我为教材编写工作贡献自己的绵薄之力，对此我还是感到挺自豪的。

访谈者：为了更好地完成此次编写任务，您有没有做出一些新的尝试或者是一些其他的努力？

刘宝莹：因为在参加此次教材编写之前，我所接触过的教材屈指可数，所以，为了参考借鉴国内外优秀教材的编写思路与方法，我采取了泛读与精读相结合的方法来研究国内外数十套中学教材。作为单元导入板块的负责人，我重点关注这些教材中的单元导入板块是如何进行活动与版面设计的。为此我做了一个文档，把我认为有特色的单元导入板块汇总起来，并逐个做好批注，标记出值得学习借鉴的地方以及我认为不甚妥当的地方。此外，我还积极将平时学习到的前沿教学方法运用到教材编写实践中，比如在设计教材配套教学参考资料的活动时，我运用了较为新颖的词汇云图（wordart）来引入话题，副主编徐继田老师对此连连称道。

访谈者：参编过程中，您与编写组其他成员的互动交流所产生的影响主要体现在哪些方面？

刘宝莹：我觉得我跟编写组其他老师有着很好的互动交流，特别是王蓓蕾老师、安琳老师、吕品品老师，我几乎每天跟她们都有关于教材编写方面的沟通。此外，因为我参加了选择性必修第四册第二单元和第四单元部分板块的编写，所以我跟单元负责人田臻老师和唐树华老师的交流沟通也很多，还有跟责编陆老师、陈老师、李老师也有比较频繁的互动交流。

具体来说，我和教材副主编王蓓蕾老师以及中心组安琳老师的交流是比较深入的，应该可以说是她们给了我全方位的指导。说实话，在教材编写方面，我基本可以算是一个"小白"。在加入编写团队之前，虽说我作为一线教师一直在接触教材，但对于教材编写的理念、教材分析与设计的理论等都较为欠缺。幸好有安琳老师和王蓓蕾老师，她们在与我平时的沟通交流中，会润物细无声地传递新课标以及教材编写的相关理念。尤其从她们所给的一些修改建议中，我能够学到非常多的东西，也使我对新课标及教材编写理念有了更具体、更深入的理解。她们也会一直给我一些比较具体的指导与点拨，比如说，每当我遇到一些困惑和问题，需要请教她们的时候，她们都会第一时间给予我帮助与建议，令我茅塞顿开。

我印象比较深的是在教学参考资料的编写过程中，因为我所负责的编写单元正好对应安琳老师所负责的学生用书单元，因此，通过跟安琳老师的沟通，我对这个单元有了更多、更新的认识，同时在单元设计思路及板块活动设计方面，安琳老师也给予我许多启示与帮助。比如，在该单元视听说板块有一个关于"嫦娥四号"成功登月的视频。视频教学是这次高中新课标新增的内容。说实话，当时我对这个技能可以从哪些方面去设计学习活动还不是很清楚，因此，我比较迷茫，不知道该从哪些角度去切入。于是我请教了安琳老师，她给了我很好的建议，比如鼓励学生关注学生用书中这个视频的标题，引导他们去探讨这个标题的特点，而在学生第二遍观看这个视频后，启发学生去探究新闻专题报道中不同说话人的视角和主要观点。我觉得这些建议真的给我很大的启发，这些角度也是我一开始没有想到的，经过安琳老师的点拨后，我豁然开朗，所以在可选活动的设计中，我参考安琳老师的建议，引导学生关注并讨论这一视频语篇的体裁、语言特色及结构等。后来，教学参考资料的副主编老师们也对此活动设计给予了较高的评价。

除此之外，我跟教材主编束教授之间的交流也很多，主要是通过两个渠道。第一个渠道就是开会，束教授经常在会上给我们传递一些最新的理念及研究成果。我一直特别喜欢束教授给我们开会，因为每次听完束教授在会议上的发言或讲话，都有一种"听君一席话，胜读十年书"的感觉，深受启发。令我印象深刻的是，在板块论文研讨的会议上，束教授给我们每篇论文都提出了非常宝贵和中肯的意见。我一开始总觉得我这个单元导入的小板块可以挖掘的点很少，似乎没什么好写的，但是，在听完束教授详尽细致的点拨与指导后，我真的一下子就打开了思路，后来还洋洋洒洒写了八千多字的论文。在我看来，束教授真的不愧是业界泰斗，通过寥寥数语就能一针见血、入木三分地帮助我们理清思路、明确方向、把握方法，让我们对一些问题有更新颖、更深入的认识，真的让我特别钦佩。第二个渠道就是封闭研讨，封闭研讨期间束教授会对我们所编写的教材内容提出具体可行的修改建议，他不仅给我们指出问题在哪里，而且还会直接上手修改，并且在这个过程中，向我们传递一些理念与方法。举个例子，比如在选择性必修第四册第四单元的编写过程中，我主要负责语法板块。语法知识点是由 I wish 引导的虚拟语气。我当时编了一个例句：I really admire Sherlock Holmes. If only I could work with him and solve cases! 束教授一看就笑着说，"这是你自己编的吧？！"因为他觉得这个例句很不真实、很不自然，所以束教授建议我将后面一句改成：If only I could work as his assistant! 这样一改，的确让例句更接地气、更为真实。当时我就不禁感慨：大师不愧是大师，束教授真的是信手拈来！真的是太厉害了！

访谈者：您参加此次教材编写有哪些收获？最大的收获是什么？为什么？

刘宝莹：我觉得收获的话，主要体现在两大方面，一是专业上的成长与提升，二是品格上的感悟与塑造。具体来说，专业上的收获首先在于理念的革新。通过这次教材编写，我对新课标有了更多、更深的理解。其实作为一线教师，尤其是作为一线的初中教师，可能我们很多时候会觉得高中新课标这种纲领性的文件有些高高在上，会和我们有距离感。但是，因为这次的教材编写需要严格对标 2017 年版的高中英语新课标，因此，在参加教材编写的过程中，我需要一遍遍非常认真细致地去研读新课标，聆听相关的新课标解读讲座，以此来准确把握新课标所传递的英语教育教学理念，明确新课标对当前高中英语教学所提出的各项要求，然后再通过教材中的活动设计与内容编写来承载这些理念，最终实现教材"立德树人"的育人目标。

其次，通过这次教材编写，我的教育教学理论基础得到了进一步夯实。因为教材编写涉及到教育学、二语习得、教育心理学、教材开发与评估等诸多方面的学术理论，所以，在参编的三年时间里，我阅读了大量国内外相关的专业著作与论文，并且参加了专家云集的 2018 年"国际教材开发研究会议"、2019 年"青少年外语教学国际研讨会"和 2020 年"TESOL 中国大会"，这些业内翘楚的智慧分享极大地开阔了我的视野，充实了我有关教学法与二语习得方面的理论知识，并且让我能够及时了解学术前沿。

再次，通过这次教材编写，我的语篇解读能力得到了大幅提升，看语篇的视角更为新颖、全面、深入。以前在教学实践中，作为一线教师，可能我们更多是在教教材、教语篇，教材或者语篇呈现什么，我们就去教什么，但是在参与了教材编写后，我已经真正转变为用教材教、用语篇教，在教之前我会对教材内容、语篇内容进行仔细研读和全面评估。举个例子吧，因为我们是外国语学校，会让学生进行拓展阅读。我记得有一个语篇，它的标题是 *A Very Outgoing Person*，语篇总共有四段。第一段主旨是说 Alice 这个人 very popular，经常和她的朋友们一起玩，去参加派对，去看电影，去听音乐会；第二段是说她非常 athletic，经常参与各项球类运动；第三段说她非常 active，她不经常一个人待在家，她不太读书，不看电视，不听音乐。第四段是总结。其实这个拓展阅读材料我们已经教了不少年，之前我们在集体备课时从来没人觉得这个语篇有什么问题，我们一直都是按照语篇内容教的。但是，在参加了这次教材编写之后，当我又教到这个语篇的时候，我就觉得不对劲了。我觉得这个语篇内容有一点比较奇怪，为什么外向的人就不能喜欢读书，不能爱看电视，不能爱听音乐呢？所以，我觉得这个语篇的内容在逻辑上有瑕疵。因此，在进行课堂教学时，我就提出了一个问题，问学生们是否认为整个语篇内容跟语篇标题完全契合。这个问题一抛出，学生又重新深入阅读了语篇及标题，果然有不少学生看出了问题，提出了跟我一样的质疑，他们觉得外向的人当然也可以享受独处时光，可以热爱读书，可以喜欢看电视、听音乐，并不矛盾，因此，第三段内容并不能很好地支撑语篇主旨。我觉得正是因为参加了高中教材的编写工作，我才能对教材和语篇有了一种批判性的解读与思考，进而去引导学生对语篇内容进行批判性的思考，切实培养他们的批判性思维，最终让学生受益。

品格上的收获主要体现在吃苦耐劳的精神、严谨细致的态度以及团队合作上。束定芳教授和庄智象教授合著的《现代外语教学：理论、实践与方法》是我的案头书。书中在谈到外语教师的基本素质时，提到我们作为一名外语教师，不仅要有知识上的储备，同时也要有品格上的准备。这一点我非常赞同，尤其是品格上的准备。因为老师对于学生的影响很大，一个老师拥有什么样的品格，在平时的教育教学活动和言行举止中都会不经意地传递给学生。教材编写真的是一件压力巨大、艰苦卓绝的活儿，工作到凌晨是家常便饭，挠破头皮、绞尽脑汁是司空见惯，而且熬出几根白发的活动设计有时候还需要再返工修改，真的是"衣带渐宽终不悔，为伊消得人憔悴"，但是这个过程也非常磨炼人，培养了我们吃苦耐劳的精神。此外，在教材编写过程中，我们有许许多多方面需要去权衡考虑，比如学生的语言能力、认知水平、兴趣爱好等，还比如说是否契合新课标的理念与要求等。再比如说像文学角的编写，可能有些美文虽然脍炙人口、家喻户晓，但会有不同的版本，所以就需要我们去广泛搜索阅读，去找到最权威或者最原始的版本。还有，在做文学角注释的时候，不同来源的资料对于某些字词的注解会不尽相同，这个时候就需要我们去进行比较和甄别，去选择一个较为权威合理的注释，所有这些经历都让我们更加严谨细致。教材编写是在中心组领导下的团队合作项目，而绝不是编者一个人的闭门造车。一个编者至少需要和主编、副主编、分册主编、单元负责人、板块负责人、责任编辑等诸位老师交流协作，尤其是在我借调至基地期间，我所参与的工作较为全面而具体，因此，我几乎需要和教材编写团队的每一位老师打交道，在与他们的交流合作中，我的团队合作精神得到了进一步的提升。

总的来说，参加此次教材编写让我收获良多，而要说到最大的收获，我觉得其实很难去选。

访谈者：您是否认同"参与教材编写可以作为教师发展的一种有效方式"这一观点？若是，您认为应该如何推进该方式？为什么？

刘宝莹：对于参与教材编写是否可以作为一种教师发展的有效方式这一问题，我觉得答案是完全肯定的，而且我甚至觉得它是教师发展"最"有效的方式。

首先，就我个人的这段经历而言，正如我前面提到的，参与教材编写对我们教育教学理念的革新有着非常重要的促进意义。而这种更新的理念不仅会体现在教材编写中的板块设计及活动设计上，更会让我们一线教师在平时的教育教学中进行应用实践及迁移创新。拥有什么样的教育教学理念，就决定了我们会有什么样的教育教学行为，并最终会对学生的成长产生一定的影响。更新的理念会让我们更加关注教育教学中学生学科核心素养的培育，着力创造机会让学生用英语获取和处理信息，用英语分析和解决问题，就像我前面举的那个例子，可以在课堂教学中通过解读语篇去培养学生的阅读分析能力及批判性思维。

其次，我觉得参与教材编写还帮助我们打通了英语教育教学的各个方面，首先是语言知识方面，从选文语篇到词汇与语法的知识，再到视听说的技能、阅读与写作的策略等，需要我们成为一个多面手，对这些都能够熟练掌握、应用。其次是心理认知方面，因为学生是教材的主要使用者之一，所以我们的教材不管是情境创设、活动设计、资源呈现，还是版面布局，都需要贴近当下高中生的学习生活、心理特点和认知水平。我觉得这两方面对于我们一线教师平时的教育教学来说尤其具有重要意义，而通过教材编写，我们在这两方面的能力都得到了极大的提升。

再次，我认为，参与教材编写所带来的教师专业发展成效甚至大于其他教师教育活动，因为这是一个实践的过程，跟研读理论、聆听讲座等都不太一样。在教育界有这样一句名言："Tell me, I will forget. Show me, I may remember. Involve me, I will understand."。在我看来，阅读书籍、聆听讲座等往往是 tell me 的活动，在读后或听后可能只记得只言片语，更别提如何让书中或讲座中的理念与方法等落地生根；听课观摩是 show me 的活动，我们经常在当时会深有感悟，但是过一段时间，可能只记得一两个让人印象深刻的环节，但是在有需要将之运用到自己的课堂教学中时，却往往因为对那些课堂教学方法的记忆已经模糊，再加上学情等因素的差异，未必能达到我们所期望的教学效果；而参与教材编写则是 involve me 的活动，既有理论上的指导，又有亲身实践与体验，可以将上位的教学理念与抽象的教学理论内化为自己实实在在的专业认知与能力，从而有助于我们去突破教师专业发展的瓶颈。

总之，回顾这两三年来我个人的教材编写经历，我真切地感受到，参与教材编写是促进教师专业发展极其有效的途径，提供了难得的专业成长契机，是教师专业发展的快车道。不过，对于教材编写是否可以作为一种具有普适性的教师发展的有效方式，我其实是有点困惑的，因为参与教材编写的机遇真的是非常难得，可能不是每一位老师都能够这么幸运有机会参与。因此，能够参加这次高中英语教材的编写，我感觉三生有幸，我也一直非常感激束教授、王蓓蕾老师和安琳老师如此信任我，让我获得了这样一次极其难能可贵的专业成长机会。

尽管对于大多数一线教师来说，参加教材编写这样的机会可遇不可求，但是仍然可以通过其他一些途径来间接推进这种促进教师发展的有效方式，比如，在教材编写初期海选语篇时，可以让一线教师都参与进来，让老师们根据主题和要求来推荐选文，并附上文章来源和推荐理由。再比如，可以在教材编写过程中，遴选一些试点学校和教师来进行试教，并通过调查问卷或访谈等方式来收集老师们的教材试用感受与建议。我觉得通过这些方式，一线教师可以在一定程度上广泛参与到教材编写的工作中来，进而促进自身的教师专业发展。

访谈者：能否基于本次教材编写经历谈谈您对未来教材编写的建议？

刘宝莹：说实话，我好像给不出什么建议，因为这次教材编写的经历让我觉得我们这次已经都做得足够好了。这次教材编写有科学细致的管理、精英荟萃的团队、务实高效的作风与稳扎稳打的推进方式，整个编写团队拧成一股绳，心往一处想、劲往一处使，中心组，尤其是主编束教授有能力将各方面的智慧与力量凝聚起来，为教材编写提供强有力的支撑和保障。所以，我觉得这次教材编写的过程堪称典范，可以为未来的教材编写提供非常有益的参考与借鉴。

参与教材编写，收获教师发展

——学生用书编者、教学参考资料分册主编沈华访谈

作者简介

沈华，上海外国语大学附属浦东外国语学校英语教师，上海市特级教师，正高级教师，浦东新区英语教师培训基地主持人。曾获上海市中小学中青年教师教学评优活动一等奖、"全国优秀外语教师"、"浦东新区优秀园丁"等称号。个人专著有《高中英语教·研探索——我在浦外十年间》，合作编写《上海市高中英语学科教学基本要求》。上外版《高中英语》学生用书编者、教学参考资料分册主编。

访谈者： 您是通过怎样的契机参与到上外版《高中英语》的编写工作中的？

沈华： 这要追溯到 2016 年底了。当时我接到了通知，让我作为兼职研究员参加束定芳教授领衔的上海市英语教育教学研究基地，我觉得很荣幸。回想起在 2016 年中时，市教委组织一些老师参加一系列的会议或讲座，参与课程方案的设计等等。我当时了解到，在我们党十八大提出"立德树人"的教育根本任务后，教育部开始着手推进关于课程改革、课标修订的工作。上海市教委是根据教育部"关于全面深化课程改革，落实立德树人根本任务"的精神，启动了很多项目，其中之一就是组建上海市英语教育教学研究基地。那时我就在想，如果我能够参加到这个英语基地来学习该多好啊，因

为之前我参加过特级教师何亚男老师领衔的上海市"双名工程"(上海市名校长名师培养工程) 教师培训基地,我是第二期学员。结业后感觉好像没有组织和方向了,所以我就非常希望有机会能够加入到另外一个基地学习,提升自己。当我被邀请作为兼职研究员参与到这个基地后,我真的感觉非常高兴,非常荣幸。

我记得 2016 年 12 月 24 日是基地的揭牌日。很多专家都被邀请来,包括北京的程晓堂教授、王蔷教授,还有上海的梅德明教授、邹申教授等,专家云集,他们做了精彩的发言和讲座,介绍了课程改革的方向、课程标准的修订、教材的编写等,所以我觉得这个机会非常好。到 2017 年 5 月份,这套教材的副主编王蓓蕾老师在组建学生用书编写团队时来邀请我加入,我当然欣然接受。从 2017 年 5 月份开始一直到暑假,我们都在搜集语篇,就是根据各自负责的板块,围绕主题选文,包括视频、音频等。暑假期间,我们还聚在外教社一起讨论,筛选篇目。有这样的学习机会让我倍感荣幸。

访谈者:上外版《高中英语》的编写过程中有没有什么让您印象深刻的事情? 为什么?

沈华:印象最深刻的是大家一起分工合作,打磨样课。记得当时语篇选好了之后,大家就根据主题进行教材的板块设计。一开始设计了单元导入、语篇理解、读后感触、词汇聚焦、语法运用、视听实践、综合运用、拓展阅读、项目探究等几个板块,后面又加入了一些其他的板块,比如文化链接(Cultural Link),自我评价(Self-assessment)等。板块设计确定之后就开始打磨样课。但是有些找好的选文后来发现不适合,又推翻了,大家再去找,然后一起设计各个板块的具体内容。在这个过程中大家互相学习,彼此帮助和鼓励。平时大家都非常忙,凑在一起很不容易,很多工作都是带回家继续做,经常忙到深夜。看到大家敬业的态度和执着的精神以及对英语教育教学工作的投入,我很受鼓舞和感染。

访谈者：请问您之前是否参加过教材编写或者是修订工作？

沈华：我没有参加过正式的教材编写，但是我曾经参加过教辅的编写，以及学校校本教材的编写，还合作编写过上海市教委英语教研室组织的《高中英语教学基本要求》，也参与了后面的修订工作，但没有参加过国家教材编写。之前我对参加教材编写其实也是有畏惧感的。这次经历让我成长和收获了很多。

访谈者：您在编写过程中具体做了哪些工作？您过去的经历是否助力了您的编写工作？

沈华：首先是关于学生用书。团队组建以后，王蓓蕾老师给了我一个任务，就是根据各区教师和教研员的访谈调查的数据，整合以前两套老教材的语法体系，构建新教材的语法体系。我在语法板块做了较多研究，我们有一个团队，在不断商量和改进。大学老师给我们提供了很多关于语法板块的新理念和新思路。因为我是一线教师，所以比较清楚初高中的衔接阶段需要什么内容，到了高二、高三语法的学习如何做到以旧带新，循环推进。比如初中英语语法比较注重时态、语态的学习，到了高中应该要有一个衔接，然后再从简单句到复合句等。考虑到高中教材中的语篇会出现较多的长句难句等复杂的句型，那么先学定语从句，还是名词性从句，还是非谓语，我们进行了大量的分析和研判工作，最终形成了现在的这套语法体系。

另一方面是教学参考资料。教学参考资料也是先要打磨样课。我记得王蓓蕾老师给我们做了很细致的分工。我负责词汇部分。如何设计词汇教学活动，如何在实际的情境当中去运用词汇，我们也进行了反复研讨和修改。徐继田老师给了我很多建议，我们也达成了共识，即词汇教学要在和文本的互动中进行，要在师生交流中进行，要在语境中去应用，而且要从三个理解层面进行词汇的教学设计。所以词汇教学建议这一块也是打磨了好几次，最后确定了现在的版本。

还有关于必修第三册教学参考资料的编写，我们四个老师分别负责一个单元的活动设计。其他三位老师编写完成后交到我这里，我要花较多时间审读。因为每位老师的语言功底、投入的时间和精力都不一样，所以各种各样的问题都有可能出现。作为教学参考资料的分册主编，无论是从语言的准确性，还是从活动设计的合理性，还有设计理念、可操作性等方面都要去把控，所以我在这方面花了比较多的精力。

这些工作的经验来自于我之前多年的教育教学经历。我刚开始工作时，在一个农村动迁的人口导入区域的普通高中里任教，长达12年，让我对普通中学学生的学习水平和学习能力有了很好的了解。后来去了上海外国语大学附属浦东外国语学校，这是一所以外语教学为特色的学校，学生的语言基础和能力都不错。后来我担任了教研组长。虽然我教高中，但是作为教研组长，也分管初中的英语教学。所以我对普通高中和外国语学校，各个程度的学生的学习起点、接受度，以及教师的课堂教学情况等，有比较完整的了解。

还有就是我对初中的教材也比较熟悉。我现在是浦东英语教师培训基地的主持人，在我的这个基地里有初中和高中的学员，所以对初高中现用的教材和课堂教学中的问题，包括老师们研究的方向、研究的主题等都比较熟悉。所以这些经历都能帮助我在教材编写过程中把握难度，以及在选材的原则、活动的设计等方面，给我经验参考。

另外，非常重要的一点就是考试院曾邀请我参加命题和审题工作。命题的经历让我在对活动的设计和练习题目的开放性、规范性、科学性的把控上积累了经验。如果没有这些经历的话，我觉得在设计活动时会走很多弯路。

我到浦外后不久，我们的朱建国校长就提出要把浦外的英语特色做得更强。为此，他请来了梅德明教授和束定芳教授等专家，给英语组的骨干教师做讲座，提供指导。我记得梅德明教授跟我们讲："浦外嘛，就应该有一本自己的教材，有一套校本评价的体系。"当时我的第一反应是"我们一线教师怎么可能自己去编教材呢？"当时觉得编教材是离我很远的事情。没想到若干年之后，我真的参加了这么一项工作，所以感到非常幸运，在编写工作过程中也学到了很多。

访谈者：您参加此次教材编写有哪些收获？最大的收获是什么？为什么？

沈华：最大的收获是理念的更新。我记得2000年，适逢二期课改，我被派到北京去参加全国骨干教师培训。当时主要以听讲座、学习课标、阅读理论书籍的形式来转变观念。那时我觉得像受过洗礼一样，理念完全被更新。这次我个人对新课标的学习可能没有像那次培训力度那么大，但是参加教材编写的过程促进了我对新课标的理解，课程理念又一次完全被更新了，比如说学科核心素养包括哪些，背后的理论依据是什么，学习活动观的内容怎么落实，还有英语教学不仅要回归到学科本质，而且要关注学科的育人价值，等等。这些都是通过这次教材编写慢慢地去读懂，去读透的。

我在浦外十多年比较注重培养学生的听说读写技能和跨文化交际能力，但是没有想过语言的学习还要提升到学科育人层面，没有考虑到我们通过语言教学去培养什么样的人，如何去培养人，所以这次课改的第一个动向就是让我关注学科的育人价值。第二个就是要关注学生的思维发展。2000年我在北京培训时，北师大的张连仲教授提出，英语学习不仅仅是语言知识层面的学习，而且应上升到思维层面和文化层面，所以带着这个理念回到学校之后，我开始了"构建生活、思维和情感的英语课堂"的课题研究。现在在教材编写过程中就要非常明确地落实课改的新变化，就是关注学生的思维发展，考虑如何把语言教育和学生的思维发展结合起来。所以在教学参考资料的编制过程中我一直在想如何培养和促进学生的思维。高中阶段更多要培养高阶思维，比如说批判性思维、创新思维等等。所以我觉得最大的收获就是理念的更新。

第二个收获是体现在实践方面。理念更新了之后肯定要落实到教学行为上。因为我是一线教师，我明显感到我的教学行为发生了很大的改变。我举个例子，以前的阅读教学模式是先进行相关主题的引入，然后让学生带着任务去阅读，引导他们skimming，读懂文本的主旨，同时了解主要内容是什么，接着scanning，去读文本中的具体细节，最后再去分析解释影响他们阅读理解的一些词句等等。当然后面还会有小组讨论，让他们学了之后能够运用，输入之后能够输出。但是现在理念更新了之后，我觉得像之前的这种教学方法还没有真正体现以学生为中心。英语学习活动观是让学生真正地成为课堂的主人，真正地发挥学生的主体作用，让他们成为课堂师生互动、生生交流的主角。所以我后来就改变了我的教学方法，我会设计学案，让学生根据学案事先把文本的主要事实信息梳理好，搞清文本的结构是什么。处理文本事实信息等这些内容不再占用课堂时间了，而是让学生根据这个学案，事先去阅读、理解和梳理，然后在课堂上我带领他们分析这个语篇的意义。比如，我负责的必修第三册教学参考资料里面有一篇是乔布斯在斯坦福大学毕业典礼上的演讲稿。我们的课堂难道就是让学生理解乔布斯讲的这三个故事吗？绝对不是的。在这个语篇后面肯定有个主题意义，我想我们课堂上面就应该利用宝贵的 40 分钟时间引导学生思考该用怎样的态度去面对人生，如何去选择人生道路，如何更好地获得成功，完善自我，来激发他们积极生活和学习的态度。我觉得应该在课堂上利用更多的时间去引导学生讨论和挖掘语篇内在的、更深层次的主题意义。现在的教学应往带领学生进行深度学习、深度挖掘语篇主题和意义的这个方向走。如果说没有理念的更新，教学行为不会有变化，那么就会产生"穿新鞋走老路"的现象。这是第二个收获，和第一点是相辅相成的。

第三个收获是团队的共同成长。课标的学习跟教材、教法的研究结合起来，从钻研教材、理解教材，到把握教材，最后到用好教材，都有依据可循了。由此我想到我指导的培训基地的最近一次活动。有两位老师开课，两位老师上的都是听说课，一位是以单元复习为主，还有一位以模块复习为主。基于模块的复习课跟以单元为主的复习课有何不同呢？我们就得去学习新课标。所以在这个过程中，不仅是我自己个人受益，而且使我所带领的整个团队也受益。在我指导的团队里面很多老师都是学校的备课组长、教研组长、年级组长或者学校的中层管理者，他们就可以把在基地里学到的东西带回到他们的学校里。就像串联式的灯泡，可以点燃很多学校老师的研究热情，一起投入到课标的学习和教法、教材的研究中，我觉得这个是很大的一个收获。

其实在我们分册主编上面还有负责人，比如徐老师、何老师、王老师等。作为分册主编，要把具体工作落实下去，就得时常召集各单元负责人在微信群里面进行协调。有时可能在设计时我们会有一些纠结和困惑，那么我们就一起讨论；有时找不到材料，在群里面寻求帮助，大家都会伸出援手；有时个别老师可能在某一段时间里有一些特殊的事情，比如说在准备区级公开课或者在录空中课堂，那我会请其他老师顶上来先做，将能交的材料先交出来。有了各位老师的理解和支持，我的管理和统筹工作很顺利。

访谈者：您是否认同"参与教材编写可以作为教师发展的一种有效方式"这一观点？若是，您认为应该如何推进该方式？为什么？

沈华：是的。我觉得参编教材是教师发展的有效途径之一。我以前经常说，"学、行、思、述"是教师专业成长的有效路径，那现在还要加一个字，"编"。从见习期教师发展成为成长型教师、再到成熟型教师，这个过程中教师可以参加各类公开课、竞赛课、研讨课等等，然后发展到研究型教师，要进行课题的研究、理论的研究，实现从感性到理性的飞跃，最后成为专家型教师。此时专家型教师应该有专业上的引领，编教材就是很好的方式。因为通过编教材就可以重新梳理和审视以前所积累的一切。在这个过程中还要不断地学习，学习国内外教材的编写体系、编写理念等，所以我觉得教材编写是非常好的教师发展方式，而且是作为高端教师发展的有效途径。可能有些一线教师还不是专家型教师，但是参加了编写工作后，得到很大提升。当然在这个过程中，编写老师肯定要付出很多，比如说经常工作到深夜两三点，舍弃小家，舍弃安逸的业余生活，但这种投入和奉献是让他们成为成熟型、研究型、专家型教师的首要条件。

访谈者：能否基于本次教材编写经历谈谈您对未来教材编写的建议？

沈华：首先是编写队伍的搭建。我个人觉得上外版教材编写队伍搭建得比较好。团队里有大学教师，无论是教材副主编王老师，还是其他的分册主编，比如说吕老师、钱老师等等，都全身心投入。他们都是干实事的人，能够完整地参与整个编写过程，这是非常重要的。除了大学教师，还有中学一线教师的加入使教材编写能够更加接地气。在未来编写教材时，我觉得可以更多地吸收优秀的、愿意投入的一线教师。

第二就是教材定位。在编写时，束教授说，本套教材要有上海特色，但又能在全国区域使用。我觉得有时还真挺难做到两者兼顾。举个例子，在文本里面要确定核心词汇，哪些是运用词汇，哪些是识记词汇，哪些是理解词汇。上海初中起点比较高，有些词语在初中阶段就学习掌握了，但是要兼顾到全国的话，就要把这些词语列入到核心词汇里，或者说运用词汇里面，这就有一些矛盾。所以区域性和全国性方面的矛盾如果能够协调得再好一些，那就更好了。因为这套教材首先使用者是上海的学生，上海的学生会觉得这些单词初中明明都已经学过了，怎么还作为生词出现在"Vocabulary"里，也会让老师觉得这么简单的单词还放在生词表里不合理，所以这的确是个矛盾。

还有一个是顺序问题。现在是高中新课标先出来，然后高中教材编写好了。接下来就是等义务教育阶段的新课标颁布后编写小学和初中的教材。这个顺序好像有点颠倒了。所以以后编教材是不是可以从低年级开始再到高年级。这样编高中教材的时候可以和初中教材衔接。

至于其他方面，比如说管理方面，还有统筹方面，我觉得这些都做得非常好。我看到这个团队里的每一个人都是全身心投入，值得我学习。

教材助力，自我成长

——学生用书板块负责人、教学参考资料分册主编王琳艺访谈

作者简介

王琳艺，正高级教师，上海外国语大学附属外国语学校课程中心副主任，先后外派担任上海外国语大学嘉定外国语学校副校长、虹口区教师进修学院附属中学副校长，兼任上海市英语教育教学研究基地兼职研究员。上海市二期课改《英语》（新世纪版）初中英语教材核心编者。担任上外版《高中英语》学生用书板块负责人、教学参考资料分册主编。

访谈者： 您是通过怎样的契机参与到上外版《高中英语》的编写工作中的？

王琳艺： 缘于偶然。和上外版《高中英语》教材副主编、同济大学王蓓蕾老师结识，是因为我校郑喆老师的公开展示课。那时，郑喆老师邀请了王蓓蕾老师和我一起磨课。其间，我和王蓓蕾老师很多想法不谋而合。同时，她知道了我曾经有参加初中英语教材编写的经历。于是，向主编束定芳教授建议，将我纳入上外版《高中英语》的编写团队。

访谈者：上外版《高中英语》的编写过程中有没有什么让您印象深刻的事情？为什么？

王琳艺：第一是被推倒重来的沮丧。语篇活动的每一个设计都可以说是"苦思冥想、呕心沥血"之作。但是，当被告知"语篇必须另选"，所有的设计也随之作废，那一刻真的是好崩溃啊！无数次的"推倒重建"是我编写过程中最为深刻的经历。然而，作为编者，别无选择，为了使教材更好、更优秀，必须接受事实，重起炉灶，一步步熬到最后。

第二就是工作的超高强度。教材使用面广、影响力大，其编写工作容不得一丝马虎。封闭会议期间，教材编写的微信群在凌晨两三点还总是热闹非凡。无论哪个时间点发问，王蓓蕾老师都会第一时间回复，感觉她 24 小时都在线。这个编写团队的每一位老师都非常拼命，用自己的心和血为教材添砖加瓦。

访谈者：请问您之前是否参加过教材编写或者是修订工作？

王琳艺：我有参加教材编写和修订的经历。我是上海市二期课改《英语》（新世纪版）初中教材的核心编者，参加了四个年级，共24本学生用书、练习部分和教学参考资料的编写和修订工作。

访谈者：您是否认为自己的某些经历或者特长助力了您的教材编写？

王琳艺：首先是学习高中英语新课标对我的教材编写起着极其重要的指导作用。以 comprehension 的设计为例，以前是依靠经验，而现在是非常明确地、有意识地要从三个层次来进行理解检测，呈现三种不同的活动。通过英语学习活动观让学生把语言知识转换成语言技能，同时把语言能力转换成他们未来生存技能……这些正是学习新课标带来的变化。

第二是之前的教材编写经历让我能更敏锐地抓住语篇，以语篇为依托、为载体来设计活动，比如 vocabulary 部分和 grammar 部分的设计，会自然而然地避免单句练习，代之以同一主题语境下的语篇活动设计。

访谈者：为了更好地完成此次编写任务，您有没有做出一些新的尝试或者是一些其他的努力？

王琳艺：如同之前提到的，研读学习高中英语新课标，用课标中所提倡的新概念、新理念来指导教材编写。在做好教师培训的同时，听取一线教师对教材使用的意见和建议，完善教材的编写和设计。

访谈者：参编过程中，您与编写组其他成员的互动交流所产生的影响主要体现在哪些方面？

王琳艺：每一片树叶都不一样，每一个人也不一样。在编写团队中，每位编写教师的特长和特点也不一样，因此，在教材编写的过程中，也要尽可能博采众长、各尽所能。我想，这大概就是设立"板块负责人"的原因吧！

上外版《高中英语》编写团队是一个和睦的大家庭，在工作交流中，相互学习，相互勉励，共同前进。团队里，主编束教授儒雅大气，成员兢兢业业，为追求教材的"国家标准、上海特色、国际视野"无怨无悔，孜孜不倦，默默奉献。

访谈者：您参加此次教材编写有哪些收获？最大的收获是什么？为什么？

王琳艺：作为一名与大学教授和特级教师为伍的中学一线教师，我感到"压力山大"。比如，团队中的宝山区教研员徐继田老师是上海市首批英语特级教师、正高级教师。他具有丰富的教学经验，更熟知各种教学理论。我跟着他学到很多东西。徐继田老师是我们教材编写组中众多优秀老师的一个代表。和优秀的同仁一起共事，其实就是鞭策自己不断学习的过程。另外，得益于教材编写的平台，我获得了聆听包括梅德明、程晓堂等知名专家教授的讲座的机会，受益匪浅。这些收获不仅仅反映在教材编写上，最终也体现于我的课堂教学，我也将这些心得用于课堂教学指导中。庆幸的是，在带教教师的努力下，青年教师也在各类教学竞赛和公开展示课中获得了佳绩。

访谈者：您是否认同"参与教材编写可以作为教师发展的一种有效方式"这一观点？若是，您认为应该如何推进该方式？为什么？

王琳艺：我认为这是一个非常有效的方式。"教学观摩"和"亲自上阵"是有很大差别的。教师一旦 get involved，就会思考得更多。同时，通过教材编写这一平台，教师会接触到很多新的教学理念以及教学实践方面的专家，这对编写教师而言，本身就是一个学习和提升的绝好机会。教学活动设计的创新或课堂教学关键就是在于理念的更新，所以我认为，教材编写绝对是可以作为教师发展的有效途径之一的。

以我在 2020 年 12 月 16 日参加市级公开课展示为例。记得有位老师评价这堂课"有创意、有实践、有落地"。创意从何而来？其实就是源于新课标。我用高中英语新课标的理念和精神来解读初中使用了多年的牛津教材。教学设计引导学生从 what（基于文本）、how（深入文本）到 why（超越文本），层层推进。这一过程既是发展理解思维的过程，也是撬动批判性思维的过程，统一指向学科核心素养的培养。

诚然，并不是每个老师都适合教材编写，因为教材编写涉及工作投入程度、个人专业情况等诸多因素，但是我们不能因此而否认教材编写对于教师发展的促进作用。而且，"教材编写"已被越来越多的相关部门认定可以作为教师成果的评定条件之一。所以，如果有可能，希望能有越来越多的一线教师参与教材编写（包括资源库建设）、教材培训课程建设等项目。

访谈者：能否基于本次教材编写经历谈谈您对未来教材编写的建议？

王琳艺：第一，编者还是要学习新课标，此乃万物之源、教学之根本。

第二，统筹规划教材的主题语境、语言知识、语言技能等六要素，力图使整套教材布局更为科学、系统。

第三，如有可能，按册、单元依次编写，即：按照教学顺序依次编写。

第四，编写团队人员多元化。吸纳大学教授、教研员、一线教师、外籍专家、责任编辑、IT 人员等。每个人的工作不同、视角不同，对教材的思考和贡献也是不同的。多元团队的建立将最大程度保障教材的全面和完善。

多个身份看教材，给工作多一份底气

——教学参考资料分册主编王宏年访谈

作者简介

王宏年，上海市杨浦区教育学院高中英语教研员、区高中英语学科带头人。曾发表多篇教育教学类论文，并有若干论文在全国和市、区级评比中获奖。参与编写了《激活语言思维——高中英语写作教学指南》。担任上外版《高中英语》教学参考资料分册主编。

访谈者：您是通过怎样的契机参与到上外版《高中英语》的编写工作中的？

王宏年：参编过程其实有一点忘记了，应该是在两三年前，2018 或 2019 年。当时王蓓蕾老师邀请我们来编写教材的练习部分。那是刚开始的时候，我现在参编的是必修一全册和选择性必修一的一个单元的教学参考资料。坦率地说，因为之前觉得作为教研员，可能在命题这一块相对比较熟悉，所以当时说来参与练习部分的编写，我觉得自己还是有一些经验，有信心能够做好这项工作的。后来练习部分写了一个样课之后，王老师说能否让我们编写练习部分的几位老师，一起参与到教学参考资料的编写当中来。然后我们就开始着手编写教学参考资料的单元样课。起因就是这样。

访谈者：能否请您简述上外版《高中英语》的编写过程？

王宏年：那我就从一个编者角度谈一下工作流程。我觉得事实上最早期还是一个非常痛苦的阶段，大概参编人员都有这种感受。比如样课的打磨阶段，稿子改了非常多遍，大概花了半年的时间，前前后后不停地改。刚开始设计好的体例经过多次讨论也变了挺多的。表述的视角也在不断调整，从最初以学生的角度来写，后来改为以教师的角度来写，再后来改成用直接引语来写，再从直接引语又改到间接引语。

接下来就是内容在不断地丰富，再后来根据专家的反馈和建议不停地修改，又增加了 extensive reading 部分。样课的打磨历经半年多。最终定稿后进行了团队的分工，各位编者各自参照样课去写。写好了以后，又经过了多轮的审读和修改。

访谈者：上外版《高中英语》的编写过程中有没有什么让您印象深刻的事情？为什么？

王宏年：印象比较深刻的就是编写过程很痛苦，碰到很多困难，但在这个过程当中也有很多的收获。碰到无法解决的问题，我会跟同事和其他编写老师讨论，再去查资料。还有一轮又一轮的审读和修改建议，包括外国专家在语言上的反馈，都让我学到了很多东西。

在教材使用推进过程中，我和李蒨老师一起参与了上外版《高中英语》的衔接项目。这是教材的延伸内容。在整个过程中，没有任何可以参考的材料，要自己去做很多调研，是我们在自己的教学经历和感悟的基础上来平地建起一座高楼的这么一件事情。这个项目的过程也给我留下了深刻的印象。

访谈者：请问您之前是否参加过教材编写或者是修订工作？

王宏年：我平时比较多地从事一线的教学工作，对于教材编写是很陌生的，在此之前没有参加过教材编写或相关工作。但在进入这个团队之前，我也做过一些准备，包括对部分国家的教材分析。虽然没有撰写相关的文章，但是也进行了深入的学习。在一次教材编写会上王蓓蕾老师发给我们关于好几个不同体系的国家的教材编写的分析文章，还有一些专著。我学习研究了新加坡和芬兰的教材编写情况。还有一次是两三年前，那时候我还没有正式参与编写，安琳老师给我们做了一个关于各国教材的分析与解读的微报告。尽管我没有编写学生用书，但是这些学习经历让我了解了编写学生用书的整体框架和背后的思路，还有不同国家之间不同的教材编写形式和方法，也使我对于教材的视野更加开阔、更加宏观了。

访谈者：您是否认为自己的某些经历或者特长助力了您的教材编写？

王宏年：我想肯定是有的。我觉得编写教材肯定也基于自己以前的一些课堂教学的经验，包括自己觉得比较有效的教研活动。因为我比较了解一线教学情况，所以在设计活动的时候，心里还是比较有底的，知道怎么设计活动会受老师和学生欢迎。

访谈者：参编过程中，您与编写组其他成员的互动交流所产生的影响主要体现在哪些方面？

王宏年：组内老师形成了一个互相学习的团队，大家互相审稿，互相提建议。我觉得总归是人多力量大，一个人的视角肯定有些时候相对来说会比较单一。我们团队除了一线老师，还有一些特级教师，比如徐继田老师，他们的理论相对来说更加丰富。在参编的过程中不是说刻意要去学什么，大家都是在不知不觉之中互相影响的。在整个编写过程中，不停会有审阅，包括分册主编审、大主编审，还有编者互相审，所以我觉得在不同的互动的过程当中，从大家的一条条的建议当中，都是可以学到很多东西的。

访谈者：您参加此次教材编写有哪些收获？最大的收获是什么？为什么？

王宏年：我觉得参编教材对自己专业上的帮助还是特别大的。这在开展新教材使用的过程中感受最深。首先对教材我有了一个整体观，因为毕竟参与了教学参考资料的编写，所以肯定是对教材整体的框架非常了解。还有关于整体的编写理念，我也是理解透彻了。我觉得对于我们教研员来说，这些非常非常重要。

事实上我参与了整一个单元的活动设计，包括各个板块的设计。当时我是负责必修一第四单元，以及选择性必修一第一单元。在活动设计的过程当中，肯定是需要思考每一个板块的定位以及活动的定位。所以我觉得这一切都帮助我更好地去了解教材，理解教材的理念。在现在推行"双新"（新课标、新教材）的过程当中，尤其是在新教材在我们区的推广使用过程中，对我个人来说帮助非常大。

之前我也参与了空中课堂的必修第一册的录制工作，我和虹口区的教研员陆老师一起负责。我们能够从整体的角度给老师们提出教学建议。我觉得参与教材编写让我对单元教学的把握还是比较有底气的，比如批判性思维的板块在这个单元是怎么定位的，单元内容如何整合，以及在整合的基础上培养学生哪一个方面的思维品质，对于这些问题我是非常清楚的。所以，我现在在开展工作，尤其是新教材的推广上，更加胸有成竹。

另外，借着新教材编写的机会，我参加了基地的一个课题——初高中的语法衔接项目。除此之外，现在市教委教研室委托华师大一附中搞了一个作业评价项目，我也是这个项目当中的主要成员之一，承担了咨询的工作，负责提供一些建议。还有，之前我们区也是承担了"双新"在杨浦高级中学的一个专题展示活动，我和我们区的李蒨老师做了关于"双新"背景下的专题发言。今年，实际上我本人并不是负责高一年级，但我还是参与了比较多的新教材的推广工作，包括市培训中心组织的两次关于新教材的培训。之所以参与这项工作，一是因为编写教材使我对教材整体上比较熟悉；二是因为我觉得自己有一线的教学经验，比较能够把教材和教学联系起来。

访谈者：您是否认同"参与教材编写可以作为教师发展的一种有效方式"这一观点？若是，您认为应该如何推进该方式？为什么？

王宏年：那肯定是的。参与教材编写肯定是一种非常好的专业发展方式。但是，对于教材编写作为教师发展的有效方式的普遍适用性，我倒不觉得会有。因为我觉得普遍的适用性是因人而异的。要看这位老师的动机，在专业发展上的追求，还有取决于这位老师自身的专业水平。我觉得这是很多因素影响的结果。这个问题还有待深入探讨。

我自己感觉，对于大部分一线教师来说，可能还达不到国家级教材编写的学术水平和要求，可能还有一点差距。但一线教师的长处也是有用武之地的，一线教师在活动设计这一块更加有经验、有话语权。此外，我们还是可以把教材编写融入到教研活动当中，从而推动教师发展的，比如相关的教案的讨论，这本身就是我们教研的一个部分。还有一种可能是把教材研究的经验应用到校本教材的编写中，每一个学校根据自己的情况再做调整。但是从目前来看，在新教材刚开始推广的这一阶段，我们各个学校在近两年要做的事情，还是慢慢熟悉新教材。先要把教材用好，才能思考下一步在教材的基础上去研究适合学校的校本材料。从教研员的角度来看，我觉得因为自己参与了教材编写，比较熟悉教材，所以可以帮助其他老师吃透新教材，用好新教材。

访谈者：能否基于本次教材编写经历谈谈您对未来教材编写的建议？

王宏年：非要提一些建议的话，我觉得今后要先确定样课的框架，然后再让大家做，过后就基本不再大动，只是微调。如果样课写好了，再去换选文，会浪费很多时间。前期工作做得更慎重一点，就会大大提高编写效率。这是我参与编写中比较大的一个感受。还有就是在组织讨论会时，要把握好时间和进程，尽量在有限的时间里解决主要问题，对于悬而不决的问题可事后进一步商量。

勤力同心编教材，服务教研促发展

——教学参考资料分册主编王凌珏访谈

作者简介

　　王凌珏，上海市黄浦区教育学院高中英语教研员、师训部副主任，上海市黄浦区教育学会外语教学专业委员会副秘书长，第四期上海市普教系统名师名校长培养工程"种子计划"（黄浦）高中英语组指导专家，中学高级教师。曾任上海市高中英语学科中心组成员，上海市英语教育教学研究基地兼职研究员。曾获"全国中小学外语教师名师""上海市黄浦区教育系统园丁奖"等荣誉称号，获"第七届全国中小学外语教育教学科研优秀论文评选一等奖""上海市黄浦区教师教育优秀课程"等奖项。曾参与编写《上海市高中英语学科教学基本要求》。担任上外版《高中英语》教学参考资料必修第二册分册主编。

　　访谈者：您是通过怎样的契机参与到上外版《高中英语》的编写工作中的？

　　王凌珏：最开始我是被邀请参加上外版《高中英语》教材配套练习部分样稿的撰写工作。完成了练习部分的样稿之后，王蓓蕾老师问我愿不愿意参加教学参考资料的编写。由于我之前从未参加过教学参考资料的编写，说实话，是有点犹豫的，主要是怕自己胜任不了，因为以前一直认为教学参考资料应该要由非常权威的大咖来编写。后来我想，这是难得的学习机会呀，可以向大咖们和其他老师学习，还是应该抓住这个机会去尝试，所以就答应王老师参与了教学参考资料的编写工作。先是编写样课，后来承担了必修第二册分册主编的任务以及选择性必修第三册第二单元的编写任务。

访谈者：上外版《高中英语》的编写过程中有没有什么让您印象深刻的事情？为什么？

王凌珏：印象深刻的是编写过程精益求精，是一种痛苦的磨炼。其中一个原因是编写的时间跨度非常长，编写工作基本都是利用休息时间进行，有时是节日，有时是周末，有时是工作日的晚上。大家能够坚持到最后真的都不容易。另一个原因是要求高，编写组实行加强审读机制，不仅有单元内部两个老师之间互审，还有跨单元互审、跨册互审，不断地去发现有待改善的问题，然后再进行修改和优化。说实话，磨稿过程真的蛮复杂的，但同时我也觉得这是非常好的合作式编写过程，整个过程非常严谨，也很有效。感觉能坚持完整地参与全部过程的确需要一定的毅力，思想上一定要本着对工作负责的态度，才能够坚持不懈，力争把这件事情做好。比如，昨天还接到出版社编辑老师的联系电话，因为教学参考资料现在已经投入使用，还在征求一线老师的使用反馈并做改进。可见，编写教学参考资料的过程真的很漫长，它是一个不断修改、不断完善的过程，"没有最好，只有更好"，这个印象是特别深的。

访谈者：请问您之前是否参加过教材编写或者是修订工作？

王凌珏：之前没有参加过。不过，我曾经参加过《高中英语学科教学基本要求》的撰写，也参加过其他一些跟英语学科相关的文本和书籍的编写，有过类似的团队合作的经历，也曾体验过类似的反复打磨的过程。

访谈者：您是否认为自己的某些经历或者特长助力了您的编写工作？

王凌珏：本人对高中英语教学情况比较了解。因为长期从事教研工作，对于上海原先使用的两套高中英语教材，即牛津教材和新世纪教材，相对来说都比较熟悉。同时，我对于学生情况也有比较好的了解，虽然我现在不是一线教师，但是我经常深入到一线课堂听课，也跟一线教师开展不同方式的交流，所以总体上来说，对于现有的高中英语教学情况、对老师的情况、学生的情况，我自认为还是比较了解的，这些都有助于我开展教学参考资料编写工作，能够根据学情合理设定教学目标、设计教学活动。

访谈者：为了更好地完成此次编写任务，您有没有做出一些新的尝试或者是一些其他的努力？

王凌珏：为了完成编写任务，使教学参考资料更好地服务于广大教师，帮助教师面向不同水平的学生开展教学设计，更好地贯彻新课标、新教材的理念，在此次教学参考资料编写的过程中我和其他编写者一起尝试设计了分层备选活动，这在以往教学参考资料中是没有的。我们除了提供与学生用书各板块的活动完全对应的教学建议外，还特地编写了备选教学活动，和学生用书提供的活动形成难度上的互补，也就是说，如果学生用书的活动适合中等层次的学生，那么补充的备选活动尽可能适合较低或较高层次的学生，我们根据这些备选教学活动的拓展度、综合度和挑战性等进行了难度标识，用★表示较易、★★表示中等难度、★★★表示偏难，这样可以方便教师根据教学需求和实际学情分层设计、选用或整合适切的教学活动。这样的尝试会有助于拓宽广大教师的教学思路。

访谈者：参编过程中，您与编写组其他成员的互动交流所产生的影响主要体现在哪些方面？

王凌珏：我觉得与编写组其他成员的互动交流所产生的影响主要体现在对教材的理解以及对教学参考资料质量的把控上。例如，我所在的必修第二册教学参考资料编写组成员中有学生用书的编写者，安琳老师，我和每个单元的编写者都可以就学生用书的内容和安老师交流互动，安老师的耐心解答能帮助编写者更好地了解编写意图。另一方面，在组织教学参考资料初稿的分册内部审读中，我请安老师侧重审读表述是否与学生用书呼应，这对质量把控也起到了很好的作用。

再如，我和各单元负责老师之间的互动交流可以让我了解单元编写进程，及时向副主编汇报本册编写进度。同时，在交流互动时，我也会提醒各单元负责老师在组织单元内容撰写时要着重关注单元教学内容与要求是否切实得以体现。我们在组织跨单元合作互相审读、反馈修改意见时，也互相学习，互相取长补短。

此外，和副主编的互动交流可以帮助我了解其他分册编写过程中的好的做法，并从教学建议的合理性、备选活动的适切性和板块内容的必要性等方面得到建议，或是将发现的问题及时反馈给编写组老师，尽快进行修改和完善。还有，和责编及美编的互动交流可以了解各单元、各页面容量的适切性以及单词误用或拼写错误等问题。通过不断地互动交流，可以碰撞出更多的思维火花，及时改正编写过程中发现的问题，提升编写质量。

访谈者：**您参加此次教材编写有哪些收获？最大的收获是什么？为什么？**

王凌珏：首先，参加编写让我对新教材的设计理念有了较直观的感悟。亲身经历了教学参考资料从最初的雏形到最终出版的全过程，就好比设计新产品一样，从零开始，到最后这个新产品经过不断的打磨和包装终于面世了，上架了，觉得很欣喜。虽然过程是很痛苦的，但是教学参考资料出版后，收获感和成就感也油然而生——因为这是对自己专业发展的一种肯定。以前从来没有参加过教学参考资料编写，现在参加了，有了新的突破，也取得了成果，有了新的收获。同时，在编写过程中对于教学参考资料编写有了一些新认识，能够深切地感受到有必要帮助基层学校的教师们了解教材，用好教材，也感受到自己的付出是有价值的，能够更好地去帮助基层教师把握好新教材的理念，引导他们在课堂上使用好新教材。

其次，编写经历有助于提升自己的理论水平和教学设计能力。当然，我并没有去做过前测、后测，但是在编写的过程中，因为要严格对标，所以就会经常去翻阅和学习《普通高中英语课程标准（2017 年版）》，在编写时尽可能融入新课标的理念；另一方面，也会尽可能对比《上海市高中英语学科教学基本要求》，不断在理论和实际的教学参考资料编写中寻找到一个很好的结合点。这样，教学设计能力也肯定在一定程度上有所提升。

还有，参与教材编写拓宽了专业视野，增强了团队合作意识和组织协调能力。原先我做的区域教研工作可能更多的是和本区的中学教师接触，但是参加教学参考资料编写之后，我有更多的机会跟大学老师合作，这一下子打开了自己的专业视野。像我所在的编写团队中，既有上海本地的大学教授，有上外的、同济的，也有复旦的，然后还有武汉大学的，还有苏州大学的。在编写过程中，学生用书编写人员跟我们教学参考资料编写人员会有沟通，大家一起参与其中。在封闭研讨过程中，我们又会有机会和其他组的老师交流，而其他组的一些老师也有很多高校的老师，所以在这个过程中我们有了跨学段的合作机会，不仅仅是初高中跨学段，还搭建了高中和高校之间的跨学段联系，让我们有机会和高校老师开展合作和互相学习。通过教学参考资料编写这一平台，还打破了区域的界限，像我的编写团队中有很多其他区的优秀老师，因此我们就有机会开展跨区域的交流合作，增强了团队合作意识。总体来说，这对教师发展起到了积极的推动作用。

最后，我真切地认识到教材编写需要严谨、科学的态度，这也是最大的收获。我从主编、副主编，也就是束定芳教授、王蓓蕾老师、徐继田老师、何幼平老师，身上学到了对教材编写严谨、科学的态度。从最初编写样课开始，他们对编写人员都专门做了培训，对如何编写提出了具体要求，甚至对每个板块如何撰写也做了详细说明，反复提醒编写人员在编写过程中要严格对标、提供的选文要有出处，补充的例句要地道并与单元主题相关，教学建议中的语言要尽可能简练，要从读者视角去考虑老师是否能理解编写意图和活动设计理念。每次审读时我也会思考，教师能不能按照我们的设计很好地去把握他们的课堂。我认为，不管是第一次编写初稿，还是后面修改、完善和审读，我们一直反复地督促自己要用严谨、科学的态度去审视、去思考，看书中内容还有没有可以完善的地方，提供的建议能否真正引领教师开展有效的教学设计，尽可能把新的课标理念运用到课堂，把立德树人、学科育人落实在每堂课中。

访谈者：您是否认同"参与教材编写可以作为教师发展的一种有效方式"这一观点？若是，您认为应该如何推进该方式？为什么？

王凌珏：一般而言，我认为，参与教材编写可以作为教师发展的一种有效方式。

我觉得参编教材应该要有一定的门槛，因为教材编写出来，要面向的受众非常多，参加编写或者参与这个项目的老师在业务上或者在专业上能够起到引领性作用可能会更好一点。有的老师，如见习教师或者教龄非常短的老师，我觉得可能对他们来说，这样的机会不适合，因为刚刚踏上教学岗位的老师可能经验不足，如果缺乏经验的老师参与编写，可能编写过程中返工会更多，编写出来的内容不一定能起到非常好的示范性或引领性作用。从教材本身的质量把关来说，如果能够让更优秀的老师，或者相对比较优秀的老师参与其中，可能他们最后编写出来的内容更具示范性和引领性。但是我觉得不管什么水平的老师，如果能够参与编写，老师的专业素质应该肯定能够有所提升。

对新手教师或见习教师来说，像现在推进新教材的过程中组织的培训应该会是认识和理解教材的好机会，也是帮助他们实现专业成长的契机。当然，教师培训只是提升教师专业发展的一个途径而已，教师本身也可以通过研究教材来加深对于教材的理解，来促进对于教学的思考，也能加快自身专业发展。除此之外，教师也可以主动地去阅读教师专业发展的相关书籍，这也是可以促进他们专业水平提升的途径。除了官方组织的培训，微信公众号、幕课上也有很多资源，老师想要发展的话，不管是针对专业能力、英语语言素养，还是说教学理论也好，总能够去寻找到适合自己发展的资源或课程去学习，主要看老师自己的能动性。

访谈者：能否基于本次教材编写经历谈谈您对未来教材或是教材编写的建议？

王凌珏：建议之一就是希望对如何减少一些不必要的修改再做一些思考。我的个人经历让我觉得教学参考资料编写的过程中，修改次数非常多，有时是因为学生用书内容变动了，有时是因为编写体系变动了，有时是因为编辑格式有了新的要求。我在想，为了编写更高效，如果能够等学生用书基本确定、教学参考资料样课经专家审核以后再着手编写，那可能修改次数会相对减少。我觉得修改肯定是必要的，但是可以通过节奏上的把控或者程序上的优化等来尽量减少一些可以避免的修改。

第二，如果编写人员能够比较稳定，那么就会更有利于编写工作的持续推进。在编写过程中，有时会有编写人员的变化，一旦有新的成员加入，那么由于对于前期编写工作和要求不熟悉，会花费很多时间去适应。另外，每个团队由哪些成员组成也需要做好预先思考，当然，现在的团队构成我是觉得蛮好的，至少像我所在的这个团队由不同人员组成，有高校老师，有教研员，也有一线优秀教师。如果每个单元的编写团队中都能涵盖不同背景、有代表性的老师，教材编写团队人员的组织架构上可能会更好，更有助于团队内优势互补、经验共享。

第三，封闭研讨比较高效，可以适当增加。如果不组织封闭研讨，我们这种跨区域、跨学段、跨校的编写组只能够通过线上来进行交流。线上的交流和面对面的交流相比，其有效性还是有差异的。如果能够举行更多次的封闭研讨，让编写团队多开展些面对面的交流，对于教材本身的打磨或者提高编写效率还是有帮助的，在本质上也会促进团队合作的实效。

教材编写为我打开了一扇窗
——学生用书、教学参考资料编者袁李瑶访谈

作者简介

袁李瑶，浦东复旦附中分校英语教师。2016年毕业于北京外国语大学，获得硕士研究生学位。中小学一级教师。曾获"浦东新区新苗杯教学评优比赛"一等奖、"上海市高中英语教学展示活动"二等奖。担任上外版《高中英语》学生用书、教学参考资料编者。

访谈者：您是通过怎样的契机参与到上外版《高中英语》的编写工作中的？

袁李瑶：非常幸运，作为青年教师，我能参与本次新教材的编写，这与我师父何幼平老师的推荐和帮助密不可分。最先是何老师参与到这个团队中，她是"Listening and Viewing"板块负责人。她经常就编写或排版等方面的问题和我讨论交流，随后便推荐我进入了编写组。

进组之后，我的主要工作是协助何老师负责"Listening and Viewing"这个板块，随后我们也共同完成了一篇关于视听说的论文。此外，我还参与编写了选择性必修第一册第三单元，也参与了教学参考资料必修第三册第三单元和选择性必修第二册第一单元的编写。

访谈者：上外版《高中英语》的编写过程中有没有什么让您印象深刻的事情？为什么？

袁李瑶：我印象特别深的是本套教材主编、副主编们的敬业精神。有时候我很晚发送的文件，他们也会立刻回复，这种敬业和奉献精神真的太值得学习了。此外，教材编写组的老师们批注文本非常详细，有时候一个标点符号，哪怕是半角和全角的区别，他们都能一眼看出来，并要求统一。这种认真的态度也非常非常让我感动。

另外，编写过程中还有两件事情让我印象非常深刻。第一件是我参编选择性必修第二册教学参考资料的经历。本册教学参考资料的分册主编是王琳艺老师。王老师布置工作的时候，非常清晰明了。应该怎么做，截止日期是什么时候，如果有问题的话怎么办，她都会交代清楚，让我觉得很有方向感。而在编写过程中，她也会适时让老师们交流进度。在我看来这是一个非常有效的组织方式。另一件是教学参考资料编写中的一次修改。当时我在编写一个关于女性科学家成就的教学活动，我把编写的重点放在了男女平等上面。副主编王蓓蕾老师在给我的批注中说："这篇文章的目的是要让学生意识到女性科学家无私奉献与执着的精神，而非只关注该科学家没有得到诺贝尔奖这件事情。"这个批注对我的触动还是蛮深的。一篇文章可以有各种各样的解读方式，但我们传递给学生的应该是积极的、正面的解读，而不是引导学生去关注负面情绪。王蓓蕾老师的点评非常锐利，她看到并指出了我的问题所在，我之后的课堂教学也会特别注意教师的导向性这一点。

访谈者：您是否认为自己的某些经历或者特长助力了您的教材编写？

袁李瑶：反思下来，我觉得两方面的经历为教材编写做了铺垫。一个是在读大学和研究生的时候，我比较喜欢英语写作。我记得当时有一门课叫《学术英语写作》（Academic Writing）。这门课主要是关于英文写作的逻辑，包括读者意识、篇章结构等。通过一系列的训练，我对写作的兴趣、对文字的敏感度、思维的严谨性和逻辑性都得到了提升。所以，现在想来，《学术英语写作》这门课对我的影响还是蛮大的。

另外一个，之前读大学的时候，我作为主编，负责编写过我们英语学院的院刊。那是一本规模很小的全英文刊物，但麻雀虽小，五脏俱全，当时我熟悉了从约稿、审稿、校对再到排版印刷这一系列流程。没想到我在编写工作中找到了大学时课外经历的影子。

访谈者：为了更好地完成此次编写任务，您有没有做出一些新的尝试或者是一些其他的努力？

袁李瑶：在编写教材时，我参考了其他优秀教材，例如《展望未来》和《朗文国际英语教程》。虽然这两套是初中的教材，但在听说板块的编写上非常有新意，所以，我买了这两套教材，重点研究这两套教材如何引导学生思考，激发学习兴趣，对我启发确实蛮大。

访谈者：参编过程中，您与编写组其他成员的互动交流所产生的影响主要体现在哪些方面？

袁李瑶：教材编写组汇聚了来自大学、各区教育学院、各高中的优秀教师，通过和这些老师的互动交流，我对教师的专业发展和高中英语教育有了更全面的了解，职业规划更加清晰，更加坚定了我作为一名英语教师的意愿。

访谈者：您参加此次教材编写有哪些收获？最大的收获是什么？为什么？

袁李瑶：主要有四个方面的收获。一个是自信。作为青年教师，能够参与教材编写，我觉得这是一个很大的责任，也是教材组对自己的信任。在面对一些英语原版材料的时候，我能够灵活地处理。因为并不是每一份原版材料都适合高中生的心理特征和学习习惯，所以要进行合理改编，适合的才是最好的。

二是学习到编写组老师们精益求精的工作态度。小到标点符号，大到活动设计跟单元主题的一致性，他们都把控得非常好。我对他们的专业素养和敬业精神深感敬佩。

三是提高了时间管理和规划能力。因为我们在编教材时，还要兼顾学校的教学工作，所以要想把教材编好的话，时间管理和规划能力是非常重要的。

四是科研能力。教材编写必然对我的科研能力发展有很大影响。在编写的过程中，我有机会接触到一些大学教授、中学的特级教师、正高级教师等。通过他们，我对中学的英语教研有了更充分的认识。在编写过程中，我也撰写和发表了论文。

在这些收获中，我觉得精益求精的工作态度对我的影响最大。现在我在编写试卷或者讲义的时候，会抱着修订教材的态度，尽可能地产出让学生满意的教学材料。

总的来说，通过参加这套教材的编写，我更进一步地走近了英语教学研究，从不一样的角度看待日常教学。参编经历可以说是为我打开了一扇新的窗。

访谈者：您是否认同"参与教材编写可以作为教师发展的一种有效方式"这一观点？若是，您认为应该如何推进该方式？为什么？

袁李瑶：如果这里的"教师发展"指的是全体教师的有效发展的话，我觉得显然不是的。不是所有的老师都有时间、精力、能力来参与教材编写。但是，对于一些有志于搞学术、做科研的老师，这肯定是一个很好的方式，所以，这是要分情况讨论的。

但是，教材编写对青年教师来说是一个非常好的成长路径。在高中阶段，能够坚持完全用英文来授课的老师中，青年教师应该是占大多数的。所以，我觉得在教师编者这个团队当中，多吸纳一些青年教师会让编出的教材更有活力。

对于推进方式，我觉得开公开课、举办教材研讨活动都是促进教师发展的有效途径。通过上公开课，教师对于新教材和新课标的理解会更加深入。在课堂中去践行这些理念是教师发展的有效方式。在研讨活动中，老师们可以互相交流教材使用心得，或者合作编写 worksheet 等教材配套材料。这些方式可能会比编教材门槛更低，能让更多的老师参与进来，而且更容易上手。

访谈者：能否基于本次教材编写经历谈谈您对未来教材编写的建议？

袁李瑶：第一条建议是关于我们的听力部分。整套教材的听力最好有恰当的背景音，还原更真实的语言使用场景。比如我们这套教材的听说板块，选材已经是确确实实与时俱进了。但是如果我们要再进一步完善的话，尤其是音频部分，我觉得不应该仅仅是两个人在录音棚读，应该增加一些背景音。比如，在校园环境下，背景音稍微嘈杂一点；如果在一个餐厅里的话，应该有服务员和顾客讲话这样的声音。如果每一个单元的音频都有背景音，就会让学生觉得耳目一新，会增添真实感。

第二条就是多吸收青年教师，为教材编写增添年轻一代的视角，力求让教材更具活力。因为一套教材很有可能要用好多年，所以教材的编写需要有前瞻性，给人不过时的新鲜感。

此外，教材的配套材料，比如练习部分、习题、试卷等，如果能跟教材同步出版的话就更好了。我所在的备课组是我们学校第一个用新教材的备课组，我们今年备课量比较大，因为一切都是从零开始来准备的，好在教学参考资料提供了很大的支持。但是，只有教学参考资料是不够的，如有更多的配套资源，那新教材会更容易上手。

站在更高的平台看课堂和课程

——教学参考资料编者李萍访谈

作者简介

李萍，中学高级教师，上海市上海中学英语教研组副组长。担任上外版《高中英语》教学参考资料编者。

访谈者：您是通过怎样的契机参与到上外版《高中英语》的编写工作中的？

李萍：我是由区教研员推荐，参加到编写工作中的。

访谈者：上外版《高中英语》的编写过程中有没有什么让您印象深刻的事情？为什么？

李萍：如果要说印象深刻的话，一是编写历程特别长。我第一次参加编写研讨好像是 2019 年 7 月份，接下来就是分配任务，然后看样课。样课有很多很多的版本，改了非常多次。从我参加统稿到样课出来，然后到我开始编写，这个过程其实是蛮长的。2019 年到现在，一年半。当中有很多的变化，有些是比较小的、很细的变化，也有非常大的调整。

二是在整个编写过程中，我们开了很多的研讨会。我印象最深刻的一次是我们开了将近 7 个小时的会。那是一个下午，从下午 1 点到晚上 8 点，那个时候还没动手写呢，主要是讨论样课。教材中心组其实已经在这次会前讨论过无数次了。我只负责编写一个单元，不是分册负责人，也不是样课的编写成员。我觉得讨论效果其实蛮好的，我也学到了很多东西。整个编写组集中了许多专家的力量，来参会的都是教研员和各个示范校的骨干教师，开会时会有频繁的讨论，大家各抒己见。所以，我印象深刻的就是不断地开会，还有就是不断地审读，不断地修改，我要去审读别人的，别人审读我的。修改后的新版本不断增加，意味着我们一次次的调整和完善。严谨的编写氛围给我留下了深刻的印象。

我写的内容倒是没有被推翻过，就是小改不断。给我审读并做批注的老师应该就有五六位，有的审阅老师可能看我的稿子就看过两三遍了。我在稿件修改的过程中不断地收到反馈意见。有一次，在暑假崇明的封闭会上，面对面地和主编、副主编、其他编者一起探讨：为什么做批注，问题在哪里。然后与会者再一起商量，一条一条地解决。这是个非常宝贵的经历，因为，这其实是一种教师培训的过程，将来如果我们自己学校要编写校本教材的话，我觉得上外版教材的编写过程是有许多值得借鉴的地方。

如果是从我个人的这个单元来说的话，我比较满意的是写作板块的内容。以前的写作课，就是我告诉学生怎么写，让学生读了directions 后就开始写了，写了以后我给他们批改。但是，在这次编写单元内容的过程中，只要是有写的任务，尤其是写作板块，一定要设计一个 checklist。我以前不是很注重这一点，但是在编这个活动的过程中，我开始有了这个意识。首先，根据板块编写要求，我需要制定一个 checklist，后来我发现 checklist 太有用了，因为它不光是可以作为一个宏观的评价工具，而且可以呈现、传递编者的活动编写意图。比如，写作活动设计的意图里面包括 purpose、functions、communicative purpose，又包括 language、genre、stages，这些都可以在 checklist 里面反映。我在设计一个活动的时候，如果我只是给了 directions，那通过 directions 告诉学生的信息量就会很少。在上课的时候，教师可以告诉学生怎么来审题；我们在编写活动的时候，其实是属于单向交流，无法仔细描述。但是 checklist 可以帮你做到这件事情。我发现 checklist 不仅可以用在自评上，还可以用在互评上。所以，我在编教学参考资料的时候，用了不少 checklists，

还有以 checklist 为基础的 graphic organizers。它可以用于 Reading、Listening、Viewing 等各个板块。

访谈者：为了更好地完成此次编写任务，您有没有做出一些新的尝试或者是一些其他的努力？

李萍：编写教学参考资料前，我认真地把学生用书这一单元看了一遍，又仔细了解了教学参考资料的编写要求。教学参考资料的内容有一些是基于学生用书的，还有一些是需要拓展的。在这个过程中，我去查了很多的资料，学到了很多的东西，也有了自己的想法，我尽量把自己的想法融入活动设计中。初稿完成后，有很多老师会给反馈，然后再根据反馈修改，修改的过程其实也是对之前想法的一个更新。

我所做的努力还有就是把新课标认真地阅读了一遍。这也是最重要的一步，因为这本教材是根据课标编写的，所以我们所设计的活动都是要对标的，至少在课程标准里面要找得到依据，而且还要将它分类，明确各个活动是属于什么类型的活动。所以，为了达到要求，我对课标是越来越熟悉了，而且会发现一些我之前没关注到的地方。在整个编写过程中，我对课标中提到的学业质量水平、核心素养的水平划分等内容都仔细地去了解，去熟悉。我买了三本课标，办公室一本，家里一本，随身带一本。如果不参加教学参考资料编写，我对课标的理解就不会像现在这么透彻。

访谈者：参编过程中，您与编写组其他成员的互动交流所产生的影响主要体现在哪些方面？

李萍：影响肯定有的，专家、主编、副主编、分册主编以及其他编者的反馈有效地推进了我的编写。因为专家、主编还有其他成员对我们稿件进行审读反馈是为了审核我们所写的内容是否符合教学参考资料编写的理念，所以，当他们提出意见的时候，一定是他们的预期和我实际编写出来的内容不匹配。到目前为止，就我的这个单元来说，从第一稿到现在，基本上没有整体性地被推翻过。我改动较大的内容是因为没有完全符合编写组所设定的目标，我对编写组的意图没有理解清楚。其他只是一些对小问题的修改。

访谈者：您参加此次教材编写有哪些收获？最大的收获是什么？为什么？

李萍：我觉得收获还是很大的。首先就是熟悉了课标，这点毋庸置疑，刚才也已经讲过了，这也算是一种收获。因为我不光了解了课标，还看了其他一些跟课标解读有关的书籍，如梅德明老师和王蔷老师写的课标解读。

还有比较大的收获就是通过编写过程，我对一些语言教学的理论有了比较深的认识。我工作也有十几年了，也许不参加这个项目，我也能够进行理论和实践的联系，但是，现在通过这个项目，我深刻地了解了如何在实践中运用理论。教学参考资料中有很多活动设计，我能够想到可以用什么样的理论来设计，或者是用什么样的理论来评价。

最大的收获应该是我站到了一个更高的平台上来看课堂和课程。我不再仅仅是课堂或课程的参与者，我还是把控者。以前我觉得，上课就是制订了教学计划，按部就班地执行就可以了。课文拿出来，给大家讲一讲就结束了，碰到有意思的活动就做一做，不是很关注整体性和关联性。但现在的话，我看教材、看文本、看课题，包括看所有这一切，我觉得都不一样了。原来我觉得我可能只是坐在讲台下，现在我觉得我是站在讲台上，哪怕是一个小小的活动，我都能够从一个更大的情景中、更宏观的背景中去考虑。我整个的教学观和课程观都发生了改变。

教学参考资料里面的活动是作为一种建议提供给使用教材的老师的，某种程度上折射了我自己对这个单元的理解，对主题语境的理解，对目标的理解。我个人对单元的解读是有一个整体的体系的。所以，从这个角度来讲，我不再是把这些语料作为零散的语料来呈现，而是找出它们之间的内在逻辑，哪怕今后不看这套教材，而是看其他的英语教材，我都能够用这种视角来审视。以前拿到一套英语教材，不管是国内的还是国外的，可能关注的只是文章难不难，语言怎么样。现在，我不仅关注这些方面，我甚至觉得文章的难度、语言的难度并不是最重要的，最重要的是整个章节的安排、体系、板块的编排和语料的选择。作为教学参考资料的编写者，我现在能够真正地理解到教材的编写者是怎么想的，我又可以进行怎么样的改造，整个看问题的方式都不一样了。

访谈者：您是否认同"参与教材编写可以作为教师发展的一种有效方式"这一观点？若是，您认为应该如何推进该方式？为什么？

李萍：我觉得是可以的。英语老师从参与编写教材的经历中可以学到很多东西。因为编写教材，必须考虑许多问题，必须非常严谨，编出的教材不仅要可操作，还要可评价，所以从教师发展的角度上来说，这是非常好的一种方式。

然而，参与教材编写不是每一位教师都有能力获得的机会，毕竟教材有一定的示范性，对编者的要求也高。所以，对于有一定教学经验和一定理论基础以及发展意愿的老师来说，参与教材编写是挺好的一种方式，而且要有高瞻远瞩的专家来统领和指导。

现在有一些教师不是师范类院校毕业的，即便是师范类院校毕业的，对于一些教学理论也不是非常清楚。因此，比较有效的一种发展方式是给有一定年限教学经验的老师进行理论知识的补充，这个其实是蛮重要的一件事情。因为做教师的门槛在普罗大众的眼里面是很低的，尤其是教英语，总觉得你会英语就能教。但其实并不是这样。有一些青年教师虽然有热情，但是不知道力气该怎么使，也不知道使得对不对。现在很多时候，有一些青年教师设置的活动就是抓人眼球，别出心裁，但是到底有没有切实地落实核心素养、发展学生的学习能力，却不是很明确。所以，我觉得给老师补充一些教学理论还是很有必要的。就像这次参加教材编写项目后，我觉得我自己在教学理论的补充上特别有收获。比如，在参加编写之前，我就对韩礼德的系统功能语言学有点兴趣。正好我们这次负责教材编写项目培训的徐继田老师很熟悉这方面的理论。他在给我们理思路的过程中，讲了许多相关内容，让我搞清楚了我本来自己看书时觉得云里雾里的知识点。我自己看书时，碰到很多不明白的地方，不知道去请教谁，徐老师的讲解终于让我的疑惑有了解答。他所讲的理论可以和我们的教学实际紧密结合，能够让我更客观地看待自己的教学。

访谈者：能否基于本次教材编写经历谈谈您对未来教材编写的建议？

李萍：其实我和上外版教材渊源也蛮深的，我进校以后一直用的都是《英语》（新世纪版），也是上外编的。比较两套教材，上外版《高中英语》一定是大升级了，而且，新教材给我最大的感受就是在选材和编排的理念方面是与课标很对应的。教材的不同板块之间是有一个内在的发展逻辑线的，不是在一个话题下东拉西扯几块内容就结束了，我觉得这个特别好。还有就是上外版教材的配套也做得很好。

如果一定要说对未来教材编写的建议的话，下面是我的两点建议。

一个就是活动设计要留出供学生发挥的空间，不能限制思维；二是思辨能力的培养可以以显性和隐性两种方式体现在活动设计中。

以上是我对教材的一些想法。

站在巨人的肩膀上，回归初心，享受成长

——教学参考资料编者沃维佳访谈

作者简介

沃维佳，英语高级教师，华东师大一附中英语教研组副组长，第四期上海市普教系统名师名校长培养工程"种子计划"虹口区高中英语姜振骅团队成员。倡导"教而不研，行而不远"，主持、参与多个市、区级课题，并有多篇文章在正式刊物上发表。担任上外版《高中英语》教学参考资料编者。

访谈者：您是通过怎样的契机参与到上外版《高中英语》的编写工作中的？

沃维佳：2019 年，上外版英语新教材试教试用正式启动，我校大概是在 2019 年 3 月到 6 月开展了试用。因为我是一线教师，也是备课组组长，我就带领着我们的备课组进行了两个单元的教学设计和授课。教材试用之后，上外编写组的老师就联系了我，问我有没有兴趣参加教学参考资料的编写。当时心情还是蛮复杂的，因为一方面觉得这是一件未知的事情，有点忐忑；另一方面觉得也是一个挑战。最后决定试一试。很快我就分到了任务：一个是必修第二册第四单元，由我和张珏恩老师两个人进行合作，她主要编写的是单元要求等，我主要编写学生活动、教学建议等；另一个是选择性必修第四册第一单元，我负责整个单元的编写。

那时候我是个新手，以前从未参加过教材编写，好在有各方面

的助力。跟我合作的张珏恩老师是个非常有经验的老师。我还有幸遇到了非常有能力、各方面工作做得非常到位的王凌珏老师，她是我们必修第二册教学参考资料编写组的组长。

教材编写中会有审查、校对，比如我们会有组员互审以及组长复审，层层把关之下，我们千方百计想办法提高编写质量。我自己建立了一个文件夹，叫做"漫长的修改之路"，里面的文件都是按照"1.0""2.0"这样命名的，依稀记得必修第二册，加上出版前的校对，我们前前后后大概改了 14 到 15 稿。想起当时接到编写任务后，我们学校几位资深教师语重心长地跟我说："要慢慢来，这条路很长很长。"我一开始其实不太理解，后来经历过了，发现前辈们说的没错，确实是一条很漫长的修改之路，但同时，也是自己成长的一个过程。

访谈者：能否请您简述上外版《高中英语》教学参考资料的编写过程？

沃维佳：我们有一个总的编写组，然后按单元又分成 4 个小组。刚开始，会有中心组的老师们跟我们来讲一下具体的要求。我们分册的负责人王凌珏老师也会把要求跟我们再次明确，接着我们就根据这些要求进行编写。我和张珏恩老师编好了必修第二册第四单元后，先进行交换、互审。互审好了之后，我们就把这份 1.0 的稿件交给王凌珏老师。王老师再安排本册其他单元的编者老师进行交叉互审。互审的时候我和张老师也会对另一个单元编写的一些问题进行批注。

互审后，我们会根据反馈修改，再统一把修改版发给王凌珏老师。中间还会经历很多次修改，比如说，学生用书的部分答案会有一些变化，这样的话，就会影响到我们教学参考资料上的参考答案。出版社的责编也会进行修改，中心组的老师也同时修改，老师们都非常负责任。我们拿到的稿子上面有各种各样的批注，比如王蓓蕾老师看完之后批注，再给徐继田老师，徐继田老师再批注。每位专家都是"老法师"，能看出很多问题。记得我第一次打开文件后，看到了一百多个批注，觉得很崩溃。因为可能是小到一个拼写，专家们都会替你指出来。经过这么多轮修改，我们的文稿就基本成型了。

当然，如果有一些大问题，还是需要整体大改。我记得有一次，在编 Additional Reading 的时候，就发生了返工的情况。外国专家在审读的时候，觉得这篇文章语言过于"中式"，建议换文章。当时时间紧迫，我们赶紧去找新的文章，再设计 food for thought 的问题。最后教学参考资料排版出来，我们又进行审核。先自审，再互审，直到最后通过。

访谈者：上外版《高中英语》教学参考资料的编写过程中有没有什么让您印象深刻的事情？为什么？

沃维佳：让我印象深刻的是我们的封闭会议非常高效，有明确的时间安排表。在封闭会议期间，我们可以心无旁骛，摒弃掉一切无关的事情，安安心心进行自己的编写工作。此外，封闭会议的时候，我们几个编者可以聚在一起研讨，这是一个很好的机会，大家能够相互学习，相互提出建议，而且确实也解决了不少问题。我们在编选择性必修第四册第一单元的时候，有个写作板块，需要我们提供写作导学。开始大家都很茫然，几个人聚在一起商量，还找了王蓓蕾老师讨论，最后完美地解决了问题。这就是集体的智慧，大家能够激发彼此的灵感，一个人单打独斗根本是搞不定的。

编写教学参考资料让我深刻地感受到，集体的力量是非常强大的。我是站在巨人的肩膀上，才得以成长。编写的过程中，我从其他老师身上学习了很多。例如，我和张珏恩老师合作的单元叫 Sports。我和张老师对运动都不是特别了解。这个单元设计中，要求学生续写文章，张老师需要提供一篇范文。然而，张老师对于足球完全不了解，她特地求教了她的先生，因为她的先生是一个资深球迷。她认真地听了半个多小时的讲解，还做了记录，最后把范文写了出来。她的敬业态度让我印象深刻。

总之，所有的编者都有一个共同的愿景：编出高质量的教学参考资料。大家齐心协力，团结互助。我对团队的这种工作方式以及团队成员之间的合作印象非常深刻。

访谈者：为了更好地完成此次编写任务，您有没有做出一些新的尝试或者是一些其他的努力？

沃维佳：首先是研读课标。作为教学参考资料的设计者，我们首先要有一个宏观的视域，才能把握整个单元的设计。编完了一个单元后，我们要填一张对照表，确保活动设计要和课标、学生的质量水平对标。其次是编写过程中的自我学习和成长。记得有几天，我从早到晚，九个小时不停地写，不停地改。我觉得每改一遍，自己都是有收获的，我能感悟到修改之处的细微差异。这种自我学习推动了我的教学能力，对我来说是很有益处的。

访谈者：您是否认为自己的某些经历或者特长助力了您的教材编写？

沃维佳：作为一线教师，我具有丰富的教学实践经验，这对我的教材编写应该是助力。因为我是一线教师，所以我比较了解教学情况。在设计学生活动的时候，我一直会考虑有些什么更好的方法能够让学生融入到课堂当中。例如，在设计中，我使用了"看图说话"。我本身也比较喜欢画画，对图片也比较敏感。在"Grammar in Use"板块，我设计了四幅连环画，要求学生利用所学的语法知识，描述这四幅图片。这种形式的学生活动还和高考听说测试很契合，高考听说测试中有个板块就是"看图说话"。

访谈者：参编过程中，您与编写组其他成员的互动交流所产生的影响主要体现在哪些方面？

沃维佳：互动交流促进了编者们的学习和成长，大家团结一心，往同一个目标前进。我非常认可我们编写组的管理方式。我个人比较喜欢未雨绸缪，每天都会列一个日程表，几点到几点大概干什么，都会有一个规划。编写组当时提供了编写的详细进度表，我觉得非常清晰，我能通过进度表把控好我自己的工作节奏。

编写过程中，我从王蓓蕾老师那里学到很多。王蓓蕾老师是一个非常认真的人。她工作非常细致，能够把编写的问题全部标出来，既告诉我问题在哪里，又给我几个问题的解决途径，让我去做选择。她的建议为我减轻了很多的负担。感谢她给予我适时的指导，让我迅速成长。

在编写组中，张珏恩老师和我接触最多。我知道她是非常忙的，她本身是长宁区教研员，那个时候还在录制空中课堂，但是她还是能够挤出时间，非常及时地跟我一起互审，最后合成完整的稿件。我觉得她非常了不起，也给我不少正能量。想到有那么多人能力比我强，还比我努力，我就会不由自主地被激励着往前进。

还有王凌珏老师，就是我们必修第二册的编写组组长，也给了我很多帮助。当时我的很多设计很粗浅，她会跟我商量和研讨，经过讨论后的版本，质量和层次都提高了很多。我身边都是专家，整个编写过程是他们在帮我慢慢打磨，这种经历是千金都换不来的。

访谈者：您参加此次教材编写有哪些收获？最大的收获是什么？为什么？

沃维佳：第一个就是收获了新身份，我从一线教师角色转变为了一名编者。当看到自己的名字印在教学参考资料上，心里还是很激动的。这种成长，其实也离不开我的同仁们，所以我一直在强调："我是站在巨人的肩膀上。"与此同时，我也完成了教师职业的成长，从一级教师晋升为高级教师。

第二个收获是对上外版教材有了更深入的理解。如果我没有参与这个编写过程，我看待这套教材的感受肯定会和现在不同。记得我刚工作的时候是牛津教材试用的第一年。拿到牛津教材的时候，我一头雾水。那时候真的是初生牛犊不畏虎，我马上去找了沃振华老师。其实我们不太认识，但是沃振华老师接待了我，也很认真地给我提供了很多建议。而现在，这本上外版教材，我非常明白应该怎么使用。这套教材有很丰富的内容，全是编者的心血结晶。不管是学生用书、练习部分，还是教学参考资料，我都能体会到编者的理念，理解到编者的设计意图。

第三个收获可能就是我个人的满足感和成就感了。从无到有的创造真的是一件非常激励人心的事情，不参与其中的人可能真的是没有这种感受。连续一周，每天9小时，坐在电脑前面，身边一杯茶，几本书。我觉得普通人肯定会觉得这是很不可思议的事情，但是我恰恰从中找到了乐趣，感受到了"从无到有"的成就感。而且教材是大家智慧的结晶，从中你会发现很多编者的影子。我对它的感情，就像一个妈妈看待自己的新生儿，怎么看都心生欢喜。

我也问过自己：如果时光逆转，回到当时，我是否还愿意接这个任务？答案是肯定的。因为这个过程虽然漫长，但是能够学习到很多东西。同时，编写教学参考资料给了我一个大开脑洞的机会，让我的英语教学也变得有趣。我希望通过我的教学，学生能觉得英语有意义，能够喜欢英语，这就是我当年选择做英语老师的初衷。

访谈者：您是否认同"参与教材编写可以作为教师发展的一种有效方式"这一观点？若是，您认为应该如何推进该方式？为什么？

沃维佳：我认为，参与编写教材是一种教师发展的有效方式，它对教师的成长是有助力的，至少，对我来说是一件很好的事情。不过我们一线教师也许无法人人都能参与教材编写。我们能做什么呢？我们可以把教材用好用实，提供使用感受和反馈。比如，我校部分教师在2019年参加了上外版《高中英语》教材的调研。在三个月的调研中，他们完成了两个单元的教学实践和一个单元的课堂教学实录，同时发现了在教学过程中出现的问题，分析了可能的解决方法，为新教材的正式使用打下了坚实的基础。2019年12月，我校部分教师有幸参与了由上海市教委教研室组织的高中非统编教材上外版《高中英语》试教试用工作，从教材使用者角度，通过教材审读、单元教学设计和课堂观摩等形式，对教材必修3册提供试教试用反馈意见，供编写组参考，为提升教材质量贡献了力量。

访谈者：能否基于本次教材编写经历谈谈您对未来教材编写的建议？

沃维佳：未来要编写教材的话，我还是推荐现在编写组的管理和审核机制。因为这个机制很有体系，很有条理。第二个建议就是在教材编写前，编者一定要精读课标，只有这样才能编出符合课标的教材。

字斟句酌，教材编写让我更明确团队努力的方向
——教学参考资料编者张珏恩访谈

作者简介

张珏恩，上海市长宁区教育学院高中英语教研员，上海市英语特级教师，上海市高中英语学科中心组成员，长宁区专业技术拔尖人才，长宁区教育系统创新团队领衔人，长宁区优秀学科带头人，第四期上海市普教系统名师名校长培养工程"种子计划"长宁区名师培养基地——英语学科基地主持人。曾获上海市基础教育教研员论文评选一等奖、上海市基础教育教研员专业发展综合奖。主持并执笔的上海市教育科学研究课题成果《基于语料库的语境互动式高中英语词汇教学实践研究》获上海市教育科学研究院第六届教育科研成果一等奖。担任上外版《高中英语》教学参考资料编者。

访谈者：您是通过怎样的契机参与到上外版《高中英语》的编写工作中的？

张珏恩：我想，契机应该主要来自如下两件事情。第一件事情，上海市英语教育教学研究基地成立后，正逢国家新课标出台，基地承担了一个很重要的新课标培训任务：培训上海市的教研员和每个区的骨干教师。每次培训后，都有作业（共有四五次）。我的作业两次被评为优秀。我还被安排领奖了，是束定芳教授给我颁的奖。另外一件事情，上外版教材在编写的过程中曾经组织过一次全

市层面上的比较正式的试教试用调研活动。那次调研活动从2019年的4月一直延续到2019年的6月底。长宁区被分配到选择性必修两个单元的试教试用任务。我们严格按照基地提出的要求，从问卷调查、教师调查、学生调查，还有课堂教学实录几个方面去执行，我们长宁团队做得非常认真。最后由我执笔完成了一份调研报告，受到了较高的赞誉。我想，主编束老师和副主编王老师最主要是通过这两件事情了解我的，为此我有机会加入了编写团队。

访谈者：您在上外版《高中英语》的编写过程中主要做了哪些工作？

张珏恩：我接到邀请的时候是2019年的7月初，是副主编王蓓蕾老师打来的电话。当时我被分到了教学参考资料两个单元的编写工作，这两个单元是必修第二册第四单元和选择性必修第二册第二单元。后来我发现，教学参考资料的每个单元都有两位作者，一位是该单元的学生用书编者，主要承担如单元教学目标、课时目标、背景介绍和参考答案等等的编写；另一位作者是像我这样的一线教师或教研员，负责该单元教学建议、学习活动设计等。

在选择性必修第二册第二单元中我承担的就是一线教师或教研员的编写工作。在必修第二册第四单元中我承接了之前某位老师的工作，继续打磨并和同伴开展互审。

访谈者：参编过程中，您与编写组其他成员的互动交流所产生的影响主要体现在哪些方面？

张珏恩：在编写过程中，我和教材编写组其他成员一直保持着良好的互动，互动产生的影响主要体现在三个方面：首先是我对新课标的认识；第二是我对有些编写理念的逐渐认识；第三是我向其他编写人员学习的所获。我选择第二点做简单的展开。徐继田老师是我们教学参考资料的副主编，他提出词汇学习要按照三个层面（Literal comprehension, Inferential comprehension, Critical comprehension）来编写，该理念被真正接受之前，在团队内也是经过反复商讨的，最终团队达成一致，使词汇教学活动设计成为上外版教学参考资料的一个特色。我觉得徐老师提出的词汇教学的三个层面与课标提出的六要素整合的学习活动设计的理念在一定程度上是相互统一的。这里顺便说一下，多年来，我们长宁区的词汇教学在一个市级课题的引领下，也是做得相当不错的，我们的研究结果也正是新课标明确建议的词汇教学方法。

访谈者：上外版《高中英语》的编写过程中有没有什么让您印象深刻的事情？为什么？

张珏恩：我想就是修改，从一开始稿件成形就一直在修改，直到前天为止，我还在跟责任编辑做最后的沟通。反复地写、改、写、改，一切都要付出"字斟句酌"和"引经据典"的努力是我对本次编写过程的主要感受。

印象深刻的事情就在眼前。选择性必修第二册第二单元的主题是 Language and Mind，讲的是语言对人的思维方式的影响以及文化对人的思维方式和语言的影响。暑假在崇明磨稿时，编写团队王蓓蕾、徐继田和何幼平三位老师提出，在原来的设计中增加一个比较中英文 proverbs 的活动，以体现语言对思维的影响。我决定用"不入虎穴，焉得虎子"来举例，英语译文为"Nothing ventured, nothing gained."。改好后，几次磨稿大家都不觉得有啥问题，但外教审读时提出问题了。我从英文译文角度来解释，使用被动语态是因为西方文化可能有点客体思维的倾向，而汉语则倾向于主体思维。外教不同意，他说很多的英语谚语中有用 you 的。仔细思考后，我觉得他提的这一点还是有道理的。最后我查找了相关文献后，把例子换成了"挥金如土"。由于地域的差异，铺张浪费在汉语中叫做"挥金如土"，英语则译成 spend money like water。文献上说，相比幅员辽阔的中国，英国是一个小小的岛国，海洋资源和水资源比较丰富，尤其当时的航海事业在世界上是领先的，所以很多的习语跟"船"和"水"有关。理解了这一点后，我又一次做了修改。总之，从2019年7月份我接到这个任务开始，到2019年的9月份正式开始做这件事情，一直到前天，2021年的2月19号，还在修改。我觉得这个编写工作真的是艰苦卓绝。

让我印象尤其深刻的还有两个人。一个是王蓓蕾老师，她是教材的副主编。当我在编写教学参考资料的时候，会碰到找不到素材或找的素材我自己怎么都不满意的情况，王老师总能给我提供一些材料的源头。还有，当学习活动设计怎么修改都不令人满意时，王老师总能给我提出一些切实可行的修改建议。我觉得王蓓蕾老师为人也特别真诚，她非常认真，非常坦诚，非常容易相处。作为副主编，她能做好统筹管理并处理好专业层面上的各种问题，特别令人敬佩。

还有一个是大主编束定芳教授。我们的稿子到他手里面他都会仔细审读，认真把关。他是团队的"老大"，身上有特别强的凝聚力。他是一个学者，一个能让你感到非常温暖的学者。印象很深的是去年暑假在崇明岛的封闭研讨会，是可以带家属一起去的。学生用书、教学参考资料、练习部分、资源库、TOP课件等多个团队先后上岛进行研讨，我参加了选择性必修第二册的研讨。那是八月一个非常炎热的夜晚，束老师忙完市区的工作，风尘仆仆地赶到崇明，准备参加我们团队第二天的研讨。次日吃早饭时，他与我儿子坐在一起聊了好久。束老师的儿子和我的儿子都是学音乐的，因此有共同的话题。束老师与团队其他成员的家属也都能很快打成一片。他的工作千头万绪，但凡是他出席的场合他都用心用情，他的人格魅力真的给我留下了非常深刻的印象。

访谈者：请问您之前是否参加过教材编写或者是修订工作？

张珏恩：应该说是间接参加过。在此之前，我参加上海市教委教研室的《英语》（牛津上海版）教材的阶段性修改和评价项目，是该项目组的专家。因此我对教材的整体建构、每单元的编排，以及学习活动的设计，有一些了解。

访谈者：您是否认为自己的某些经历或者特长助力了您的教材编写？

张珏恩：作为一个有着30年教龄的英语教师，我使用过上海地区的多套教材。此外，我曾四次参加过上海市春季高考和学业水平考（英语科目）的命题工作，我也间接参加过教材编修工作。这些经历都有助于我本次参编上外版的教学参考资料。

访谈者：为了更好地完成此次编写任务，您有没有做出一些新的尝试或者是一些其他的努力？

张珏恩：在参编教学参考资料的过程中，我力争做到"字斟句酌"和"引经据典"。正是在这种"字斟句酌"和"引经据典"中，我和我的种子基地学员的专业素养得到了一定的提升。为什么这么说呢？我领衔了市"双名工程"（上海市名校长名师培养工程）的一个"种子计划"名师培养基地。长宁区有九个学员是由我带教的。接到上外版教学参考资料的编写任务之后，我结合基地的培养目标之———学习和实践新课标和新教材，尝试着把编写工作中的部分任务交给其中七位在普通高中任教的学员（华东政法大学附属中学叶敏老师、华东师范大学附属天山学校何琼老师、上海市建青实验学校陈洁老师、上海市建青实验学校金文磊老师、上海市延安中学袁茂红老师、上海市延安中学谢烨老师、上海市建青实验学校潘自意老师），让他们按照新课标的要求进行指向学科核心素养发展的英语学习活动设计，然后在基地内部进行研讨分享。当然了，当时学员们设计的活动现在可能已经被改得面目全非了，但是这种尝试本身为我们团队创造了深入学习和践行新课标的机会，收获了应有的效果。为此，我就觉得参编不仅是我自己付出了努力，经历了锻炼，连同我的团队在一定程度上也是受到了这样的任务驱动，得到了锻炼和成长。

访谈者：您参加此次教材编写有哪些收获？最大的收获是什么？为什么？

张珏恩：收获很大，主要体现在两个方面：

第一，参编使我更深入地理解了新课标。在这个编写团队里面，我跟着王蓓蕾老师、徐继田老师、何幼平老师，以及分册主编王琳艺老师和王凌珏老师，具体学习和领会了新课标。对新课标提出的单元的整体教学、语篇研读、六要素整合的英语学习活动观、教学评一体化这几个问题，我的确是在参加教学参考资料编写之后才完全弄清楚的。比如，你要使所有的教学活动更加有逻辑，前后更加有关联，不管是学生的语言知识也好，还是语言技能也好，都要成螺旋形上升的态势。要使教和学都更加有效，就必须做好单元整体的设计，因为这就是合理的规划。再如，教学评一体化的确不是一句空话。新教材每个单元的最后都会有一个评价环节，自评和互评的一系列问题能引领学生去反思。做好了 self-assessment 和 peer assessment 后，再加上教师给的评价，学生的确是可以发现自己在本单元中所获和所缺的知识。元认知策略是有道理的，学习者如果能认识到自己学习中的不足，能根据自己的学习特点不断调整，那么对自己的学习是会有好处的，因为学习是一件极具个性化的事情。总之，关于教学评一体化，我也是在真正参加教学参考资料的编写后，才对它有了更加深入的理解。它是新生事物，我们要真正地理解它背后的目的后才会乐意去做，做好了就会对我们的教学起到一定的辅助作用，它对养成学生自律的习惯和终生学习能力都会起到巨大的作用。

第二，参编使我更明确引领团队努力的方向。我的身份比较特殊，我是教研员，教研员跟普通的教师有点不一样。作为普通教师，只要自己站稳课堂、带好班级、保持教学成绩就可以了。而作为教研员，我应该是要引领一个团队的，一定要避免往错误的方向去引领。比如说，我们现在有了新课标和新教材，我引领团队的主要方向是先解读新课标，然后根据新课标的理念再带领团队在新教材中具体去实施，这就是我的责任。

访谈者：您是否认同"参与教材编写可以作为教师发展的一种有效方式"这一观点？若是，您认为应该如何推进该方式？为什么？

张珏恩：我觉得，这要看情况而定的。比如从宏观意义上来说，我也是教师，我是一个高端教师——教研员。我认为教材的编写可以作为高端教师专业发展的一种方式，但它并不具备普适性，即它并不适合作为一般教师专业发展的方式。一般教师不具备教材编写的资质。如果说把编教材作为教师发展的一种有效方式，那我觉得最起码这个教师要能被冠以"高端的"，甚至是"尖端的"这样的限定词的教师。这样的教师参加编写团队，编写任务可以成为他们专业发展的有效方式之一。

作为普通教师，专业发展的有效途径有很多。比如说，我们可以举办公开课，进行教学研讨，或者是基于这个研讨之上的教学竞赛，都可以。还有，撰写教育教学的论文，之后发表在专业的刊物上，甚至可以形成自己专著。此外，在学术性强的论坛上发言也是很好的途径。这些教学展示、教学竞赛、论坛发言、论文撰写、专著撰写，如果分开来实施，会显得比较零散。如果把这些具体的做法比作一颗颗独立的珍珠，那么需要一根绳子把它们串成一串项链。这根绳子就是项目和课题的引领。所以，我觉得最有效的教师专业发展途径之一就是项目和课题引领下的以各种形式呈现的教师学习共同体。

为什么这样说呢？因为我自己就是上海市"双名工程"高中英语基地培养出来的学员。市"双名工程"就是采用这样一种以导师总课题引领（有主题、有固定研究年限）的方式。比如我们高中英语，上一轮是何亚男、金怡等老师引领，本期是汤青、陆跃勤和吴文涛等老师引领，期限为三年或五年。整个团队有一个研究的大方向，过程中通过子项目或子课题的方式，结合每位学员的实际情况，分配到个人。比如说，我当时就申领了市"双名工程"名师培养基地的一个高中英语词汇教学研究的子课题做，我认真做了几年，产出了一个市教科院的一等奖课题成果。在研究中，不仅我自己对高中英语教学中存在的问题有思考，有实践，专业上得到了提升，而且我还带出了本区的一支高中英语教师团队。所以，回首我自己和我所带团队的成长途径，我觉得这种项目和课题引领的培养方式，对于成就普通教师的专业发展是比较有效的。

当然了，没有一个人的成长是可以复制的，也没有一个人的成功是可以复制的，有很多的特级教师，或者其他优秀教师，并不是靠教师培训项目培养出来的，他们有更加个性化的成长途径。我刚才谈的是我自己的成长经历，我觉得这种在主题的项目和课题研究引领下的教师学习共同体中的学习是非常有效的。

访谈者：能否基于本次教材编写经历谈谈您对未来教材编写的建议？

张珏恩：我的身份比较特别，我受邀参加了上外版《高中英语》的教学参考资料的编写，但我所在的长宁区被市教委统筹安排使用上教版教材。我今年正好负责高一年级，正带着全区高一教师使用上教版。我们挺辛苦，但也挺有心得。还有，我是市高中英语学科中心组成员，汤青老师要求我领衔市里一个"高中英语新课标新教材学习活动设计研究"项目组。作为学习资料，汤老师下发了另外两套新教材（外研社版、人教版）让我们学习。浏览过后，我发现四套教材都有自己的长处，如果能融合一下就完美了，虽然明知这是不可能的事情。当然，编教材是永无止境的，在编写理念正确的前提下，它需要时间，有了充分的时间，它就会在一个动态的改变过程中变得越来越好。任何教材都是这样。

在横向比对了几套高中英语教材后，我对未来教材编写的建议主要有三点：第一，要尽量选用更加原汁原味的语篇；第二，要在语篇中呈现需教授的语法项目；第三，适量提供教学资源。

参与教材编写，深入理解课标，增强教学实效

——教学参考资料、练习部分编者郑璨访谈

作者简介

郑璨，中学高级教师。2002 年 9 月进入上海市杨浦高级中学工作。参加工作至今担任过班主任、英语教研组备课组长、英语教研组副组长和英语教研组组长等职务。所带班级曾先后被评为杨浦区和上海市的先进班级集体称号。工作期间曾多次进行市、区级的公开课展示，获得专家好评。积极参与和主持市、区级的科研课题。2021 年获"上海市园丁奖"。担任上外版《高中英语》教学参考资料、练习部分编者。

访谈者：您是通过怎样的契机参与到上外版《高中英语》的编写工作中的？

郑璨：2019 年初我们学校受杨浦区教育学院委托，进行上外版教材的试教试用，当时我是我校试教试用项目的主持人。我们试教试用的是王蓓蕾老师负责的必修第一册。她经常会过来听我们试教试用新教材的课，觉得我们学校老师都很认真。我们那时候也比较大胆，提了很多试用后的感受和看法。项目结束后不久，王蓓蕾老师想找一些一线教师一起参与教学参考资料的编写。我们区教研员王宏年老师就把我推荐过去，加入了编写团队。

访谈者：上外版《高中英语》的编写过程中有没有什么让您印象深刻的事情？为什么？

郑璨：我觉得编写工作的思路和氛围相较于教学是特别不一样的。在一线教学岗位工作，我们主要是学习课改精神，并在教研员的指导下琢磨如何备课和上课。但是编写教材就完全不一样，要去思考，在一个大的国家课标的精神之下，教材应该怎么去写，你希望将来的课堂是一个什么样的呈现结果。提到工作氛围的话，应该说有些一线教师工作时间长了之后会有种疲态，这个是不可避免的；还有，你做一件事情往往会碰到瓶颈期，你会觉得没有办法突破。但是在参加教学参考资料编写之后，你进入了另外一个氛围当中，你会觉得周围的人好拼。我一直用"女超人"去形容她们，因为我们的编者大多数是女老师，你会觉得她们好像是不需要休眠时间的。你会看到她们工作到凌晨3点，第二天早上7点钟就起床，然后跟你说，今天还有多少个会要参加。在她们的眼中，你会看到一种兴奋的光芒，感觉她们时刻保持一种精神焕发的状态，这种工作氛围是会互相感染的。

在这个氛围当中工作一段时间之后，我也把这种精神带到了我的一线教学的工作当中。所以我觉得，编写组老师们的工作态度和工作热情给我感触是比较深的。在参加了编写工作之后，我感觉自己的教学工作也有了一定的突破，碰到再大的困难我也不怕了。我今年是教研组长，还要带高三两个班，可能到下学期，我还会继续带高三。如果在过去我想我会抱怨，但是现在我会觉得就是很正常的一件事情，我会觉得现在的我无论是看事情的角度，抑或是理解和处理问题的态度都比以前从容。参与编写工作让我更明白自己工作和生活的意义。一旦人觉得自己做的事情是有意义的话，那就不会觉得非常辛苦。

总之，我们的工作可能在一定程度上推进了教育改革，但反过来，推进教育改革的任务也让我知道了教育的意义和人生的意义。

访谈者：请问您之前是否参加过教材编写或者是修订工作？

郑璨：没有，这是我第一次参加教材编写，所以感触比较深。

以前参与过习题参考书的编写，编写正式教材是第一次。

访谈者：参编过程中，您与编写组其他成员的互动交流所产生的影响主要体现在哪些方面？

郑璨：我觉得可能是在为人方面。不管是束教授、王蓓蕾老师，还是各区教研员，他们在专业、理论知识上，真的一个个都是大咖，但是他们没有任何架子。在交流过程中经常会听到他们说："你的想法是什么？"，或者有的时候他们会说："郑老师，谈谈你的建议吧。"他们非常诚恳地听取大家的意见。我觉得今后我在跟我的同事之间的沟通中，尤其是和我的下属之间的沟通当中，我可能也会学习他们这样的一种方式。因为在沟通中，很多时候在上下级特别明显的情况下，年轻教师会不敢说出自己的真实想法。

编写组的主编和其他负责老师都很关心编写人员，所以每次封闭会议都允许带家属。我开始一直不理解为什么教材封闭会议的时候要带家属一起。有一次封闭研讨会上束教授说："非常感谢所有的家属对于我们这些教育工作者工作的支持，没有你们的支持，我们也不可能这样忘我地投入到这项工作中。"他的话让我很感动。

访谈者：您参加此次教材编写有哪些收获？最大的收获是什么？为什么？

郑璨：第一，可能是自己在专业水平上面有了非常大的提升。过去教学工作完全是基于自己的实践经验。参加教学参考资料和练习部分的编写促使我反思自己的实践过程，找到理论支撑，发现经验不足，再回归到实践中去践行理论。感觉自己专业道路更加清晰了，对于理论更加了解了，然后反过来在理论和实践的结合方面做得更好了。此外，我在教学活动设计方面也有提高。我们最近也在思考，德育和我们学科教学应该怎么进行更有效的融合。通过教材编写，我会想得更多，想要尝试去实践一些理念，没有畏难心理了。

再有，学习了团队协作沟通方面的经验。在参与教材编写的过程中，我看到了王蓓蕾老师如何明确阶段目标、安排时间、细化任务等等细节，从中我学到了很多。我更明确了作为英语教研组长在教研组团队中的位置以及应当承担的职责，这些是我今后开展工作不可或缺的。可以理解为，通过这次参加教材编写的经历，我对自己的职责定位更清晰了，对整个学校里老师们的规划以及教研活动会计划得更好，一切都以目标为导向。

访谈者：您是否认同"参与教材编写可以作为教师发展的一种有效方式"这一观点？若是，您认为应该如何推进该方式？为什么？

郑璨：我觉得这个机会非常难得，自己很幸运。对于一线老师来说，再回到我的学校，我起到了桥梁的作用。有一个参编教材的老师在学校，就可以更好地解释教材的编写理念、活动设计依据和意图等。束定芳教授说，教材其实只是工具，关键是你怎么去运用教材，去结合各自学校特色做一些事情。使用教材过程中是增是减，都是由老师来决定的，有非常大的发挥空间。如果我不参编的话，可能这个理念就传达不到我们教师那边，他们就会受到之前教材观的禁锢，这样，教材没有给他们一个发挥的空间，反而是形成了限制。

所以我觉得进了编写组以后，我做了一个非常好的话语传递者。在使用高中英语新教材的整个过程中，我们学校的高一年级进展还是比较顺利的，老师们也敢大刀阔斧地去做自己想做的事情，但是又不脱离我们的教材，完全是用教材做一些创新活动，我觉得这一点是非常重要的。

不过，教材编写作为教师发展方式去推广的话有点难，因为不可能年年有教材编写，也不可能个个教师都有机会参与编写。我觉得可以鼓励一线教师结合学校特色进行一些校本教材的编写，但是在这个过程中最好要有专家进行指导。因为过去我们凭着经验编了一些校本教材，由于缺乏先进的理念和专业人士的指导，校本教材的作用貌似不是很大。我们现在对新教材的培训非常多，而且质量很高，我们可以利用骨干教师培训，通过他们再去指导各自学校的一线教师。

访谈者：能否基于本次教材编写经历谈谈您对未来教材编写的建议？

郑璨：我觉得这次编写做得非常好的一点就是新教材的推出有一线老师参与。我觉得这一点是非常重要的。如果编写组只是由大学老师或者教授组成，没有一线教师参与的话，我觉得可能这套教材在使用时还是会有问题的。因为我们在跟大学教师互动的过程当中发现，他们的理论知识非常丰富，这是让我非常震撼的，但一线教师对于高考，还有平时学生的学习情况和语言水平比大学老师更加了解。产出这套教材是一个合作的成果，正是因为有了这样的合作，我们的教材才能在正式使用的过程中没有太大的问题。所以我的建议是：大学教师和高中一线教师应该有更强的联结。我觉得应该增强大学和高中老师之间的互动，应该有更多的平台或者渠道，让我们能够经常或者是定期地进行一些沟通，我觉得这是很有必要的。这次教材编写过程当中，这种沟通的渠道好像在慢慢地被打通，我觉得建立这样一个平台是非常好的一次尝试。

访谈者：您认为练习部分的编写和教学参考资料的编写最大的区别是什么？

郑璨：我觉得其实共通点更多一点。因为我们练习部分的编写，其实不是完全基于高考之上的。练习部分跟我们的新课标要求是非常接近的，它不是一本高考的习题册。它对于学生能力的要求是非常高的，而且里面融合了学科德育功能。练习部分非常好地体现出在练习活动中培养学生综合性的、学科素养方面的能力，跟我们平时习题册完全不一样，所以我觉得共通点是更多一点。

不同的话，教学参考资料是从老师的视角来编写的，练习部分是从学生的需求来编写的，视角是不一样的，所以活动设计可能也是不一样的。教学参考资料的活动设计主要是引导学生学习知识和技能，练习部分的活动设计主要是在学生已学知识的情况下，让他们去运用知识和技能。

学习，成长
——练习部分分册主编金敏访谈

作者简介

金敏，高级教师，黄浦区教育学院高中英语教研员，黄浦区教育学会外语专业委员会秘书长，上海市高中英语兼职网络教研员。曾先后被授予"上海市园丁奖""全国中小学外语教师园丁奖""全国中小学外语教师名师"等荣誉称号。撰写的论文曾先后获得"全国中小学外语教育教学科研优秀论文评选一等奖""上海市英语学科教育教学论文评选一等奖""上海市教研员论文评选二等奖""上海市学校教育科研成果三等奖"等奖项。担任上外版《高中英语》练习部分分册主编。

访谈者：您是什么时候开始参与到上外版《高中英语》的编写工作中的？具体的工作过程是怎样的？

金敏：2019 年暑假前，我就参加了第一次分册主编会议。

加入到编写团队后，首先我自己要非常明确地了解练习部分整体的工作任务和要求，这是我作为分册主编要先弄清楚的。最初几次参加会议的时候，潘鸣威老师、王蓓蕾老师，还有束定芳教授也都来了，把一些具体的要求、任务告诉我们，这样就知道需要在多长的时间之内完成多少任务，而这些任务又有哪些具体的要求，这对我后续开展工作的整体规划以及人员选择是非常重要的。

第二步就是在组织的过程当中，需要挑选其他老师一起做。我有几个选人原则。一是希望参编老师在英语教学或者在命题这方面是比较有想法的。因为命题这件事情，其实是需要不断地去磨炼的。因此，我会挑选一些比较有文字基础而且对某一方面的命题有经验或者和其职业发展契合度较高的老师来参与教材练习部分的编写。明确任务之后，我选了三位老师，其中有两位之前已经跟着我做过命题工作。一位老师之前做过一些语法、词汇的命题工作，另外一位老师做过一些完形的命题工作，此外还增加了一位新的老师。因为我是区教研员，教师培训对我来说是一个非常重要的任务，我觉得我不仅要通过任务去实现我个人的成长，我也应该带着这个任务去培育基层的老师。

总的来说，我在组织练习部分的编写时，其实也是在做命题培训的工作，因此我在组织编写人员时会有自己的考量，就是我刚刚所讲的：一个是参编老师自己对命题这一方面有兴趣，愿意去做一些研究。第二，我是希望参编老师能够跟着我在完成任务的过程中，把不同的题型都慢慢地熟悉起来。就是说，熟悉某一部分题型的老师，我会让他们去接触其他一些新的题型，这样他们以后就能够在他们学校里面独当一面，能够命制出比较高质量的题目。另外，每一次我都会采用老带新的模式。命题其实是一个大家不断磨合的过程，或者说参与其中就能慢慢了解不同题型的选材和注意要点等。

我这一册一共选了三位老师一起合作，我没有按照单元来分配工作，而是让一位老师负责一个板块，主要一个原因就是我希望每位老师通过练习部分的编写，对他们负责的题型有比较完整的了解和把握。比如说，某位老师这次负责视听说部分，我希望他能够经过四个单元的视听说题目的材料筛选、命题、校验整个过程，能够掌握视听说这个部分的练习设计。如果只做一个单元的话，精力就会比较分散，而且一个单元话题是一样的，在选材上面可能也会有一些局限。另外一个原因是我觉得教材练习部分跟我们平时的试题不一样，这些题目不仅要在整体上和这个单元的契合度比较高，还要有一个承前启后的衔接。作为编者，从教材整体观出发，需要考虑一个单元的话题、词汇，或者说具体技能、技巧，是不是在之前的单元里已经涉及，或者之后会不会再碰到。具备整体观去设计，才能确保质量。所以我当时是让每位老师负责四个单元中的同一板块，这样，老师对一册书的内容能够有整体的把握，包括题型和文本的难度。

组队完了之后，我就去跟每位老师单独沟通，告知工作内容以及我对于这个部分工作的一些想法。团队里的老师都是自己本身比较有上进心的，在开始编写之前都非常认真地把当时要编的必修第二册学生用书完整地读了一遍，还把必修第一册的练习部分也浏览了一遍。所以说，在人员确定和任务分配之后，其实我们也没有立即开始着手做，而是花了一点时间研读教材，研究其他练习部分的优点。这也是我们在正式开始编写之前比较重要的一个任务。

接下来就是每位老师自己编题目。我一般是要求组员先把文本看一遍，不要急着编题，我不希望他们做了很多之后再去返工。所以我们是先挑文本，他们把原文给我看，并指出他们自己挑选出的部分段落。如果文本我也赞同的，就会做一个反馈。反馈之后我会和老师们交流，告诉他们怎么样去裁剪，怎么样去改写，具体有哪些原则。接下来就开始根据材料设计题目了。其实每一类题目的设计原则和标准不完全一样，虽然有共性的地方，但是每一类题目都还会有自己的个性。

在设计题目的过程当中，其实要做好几件事情。一是我们需要不停地去回看学生用书，弄清它的难度；第二我个人是希望通过一对一的互动过程，使每位编者老师能够明白，或者说掌握某一类题目应该怎么样去设置提问和干扰项，有什么基本原则和技能技巧。最后，我们把整个单元的题目都合在一起，再进行小组内的研讨和审读。每位编者都能够看到我们一个完整的单元的所有文本、题目和参考答案。针对内容上的问题，例如拼写错误、不够精准的表达，或格式不统一之处，都一一做修改，这样，基本上一个单元就完成了，我们再进入下面一个单元。我的想法是，因为老师们的时间都很有限，我们尽量不做无用功。当一个单元做完了之后，积累下的所有心得、原则、技巧可以再用到第二个单元中。一个单元完成之后，我会把定稿发给练习部分副主编潘鸣威老师和学生用书分册主编安琳老师，他们两位再从他们擅长的工作角度，给我们提出修改建议。安琳老师是学生用书的分册主编，她可以看看我们的题目是否能够反映学生用书的编者希望提供给学生的一些活动。潘鸣威老师本身在命题方面非常专业，会对我们题目的编写和材料的筛选提出意见。这个过程当中我自己先通过跟他们的交流进一步明确单元编写的意图，包括各个题型题目编写的注意事项，之后再进行编写组内部的反馈和交流。后期就是漫长的审稿过程，有各册之间互审、外部专家组的审稿以及市教委教研室组织的专家审稿等，前后大概修改了三十几稿。

我和我团队的老师在这个过程当中得到了快速的成长。以前虽然也一直在出试题，但是从来没有编写过教材配套练习部分。在理解教材编写者所要传达的想法时，其实会发现教材对学科核心素养或者说是对课标的呼应。一开始可能觉得教材配套练习部分对学生来说就是一个做练习的过程，回家去操练就可以了。后来领会到，练习部分需要很实际有效地帮助学生夯实课堂知识、掌握英语学科听说读写看的技能。有的时候，中译英中一句话的意向的表达都是一件非常严谨的事情。给我的感受就是，哪怕是教材配套练习部分，当中也是可以反映课标对学生核心素养的要求的。

后期我们还加了一些提高学生思维品质的内容。虽然我们想，这类练习老师可能不会用，因为答案是不确定的。但是这可能就如我们平时跟学生说的，外语学习一定要有大量的语言输入，才会有输出。具体输入量是多少不能确定，所以我们要有一种不计回报和结果的心态去输入。如果有老师能够有意识地在课堂上面去用，让学生在完成我们教材配套练习部分的过程当中学习语言技能，同时掌握学习方法，提高学习能力和思维品质，也是非常好的。因为教育本身具有一定滞后性，我们提供的所有东西，可能真的只能够先慢慢地去影响一部分老师和学生，到后来再去影响更多的老师和学生。在此过程当中，我对整个教材体系的理解也增强了很多，教材不仅仅是一本学生用书，一本教学参考资料，或者是一本练习部分，而是一个体系。同时，我对新课标所强调的对学生核心素养的培育的理解也增强了很多。

访谈者：上外版《高中英语》的编写过程中有没有什么让您印象深刻的事情？为什么？

金敏：首先，在练习部分编写过程中，有一个综合应用部分的编写体系，真的让编者们投注了很多的心血。一开始关于这个部分，我记得我们分册主编开会时就讨论过很多次，每个人的想法都不一样。我一开始也不是特别清楚，这个板块是要单独设计，还是需要用练习部分已经出现过的一些素材去做整合。有关这类重要问题，其实我们是需要跟潘鸣威老师、王蓓蕾老师去沟通的，在会议上我们都会有很多的交流。此外，我们各个分册主编也会提出各自的想法。我觉得这个研讨的过程非常好，大家能够非常坦诚地去交流设置每个板块的主要目的，像束教授、王老师、潘老师，他们都是大学老师，不是中学一线老师，但他们也能够听取我们作为分册主编的建议。毕竟如果不在一线工作，很有可能对一线教师教学的实际困难预估不足。我觉得上外版《高中英语》编写组非常愿意听我们来分析如果这样编，教材的实际使用度到底是多少。就像当时我们一直在表达的一个想法，就是我们希望这本练习部分成为一个很实在、很实用的东西，不是虚无缥缈的。我们编得很辛苦，如果一线老师在使用过程中觉得不方便使用，就跳过了，这样就很可惜。

出于对实操性的考量，我们编者费尽苦心，甚至细到到底在这个单元里面要设置多少次写作任务，这些都会去详细地探讨。比如，我们的练习部分最后每一个单元就只设置了一个写作题目，不让学生反复去写，因为题目设置得多了，学生其实也不可能去写这么多的。还有我们综合性的题目，最后采取的就是利用前面初期的一些文本，再根据这个文本的特点和这个单元的教学内容的一些要求，让学生最后去做一个比如说或写的输出练习。我觉得这个沟通的过程是印象蛮深刻的。这些沟通让这套教材的练习部分更能够贴合我们教学的实际，让学生在使用的过程当中能够有提高。我负责的这册当时被作为练习部分样课展示。此外，潘鸣威老师把我们其中一个单元作为综合性练习设计示例，放在了我们整套教材的练习部分的前言部分。我们其实也是挺自豪的。

总的来说，关于上外版《高中英语》练习部分的综合应用部分的编写，以及在编写过程中跟大主编们的一次次的沟通给我的印象是非常深刻的。因为我看到了编写组的思路，看到了英语基地的老师们的专业能力，也看到了所有编者的敬业精神。

第二，我印象深刻的是在练习部分的编写过程当中，我们会对题目进行精心的设计和打磨。上外版《高中英语》练习部分中的有一些题型是跟高考的题目，或者说学生常见的一些试题，是很像的，但还有一些是跟学校的试题完全不一样的。在设计练习时，我团队中的老师不仅提高了命题能力，而且对如何培养学生核心素养有了深刻的理解。比如说，我们有一些阅读的文章是让学生通过完成表格的方式去理解的。这些表格不是简单地把文章中的信息罗列进去，它需要一种信息的筛选能力及整合能力才能够把这张表格填好。还有，我们也试图通过练习帮助学生去关注文本的展开方式。比如说，文章是说明文，那它利用了什么方式去展开？我们是希望在做练习的过程当中，学生不要觉得所有的阅读的题目就是选择 A、B、C、D，它也可以对学生的很多能力的提高，比如阅读能力、思维能力、写作技巧，产生一些影响。

访谈者：您是否认为自己的某些经历或者特长助力了您的教材编写？

金敏：第一，我觉得我自己应该还算是一个比较愿意实现自我成长的人。我可能做不到没有任务分配给我，也会自主地去看一些专业书，或者做一些研究。但是为了完成一项任务，并把这项任务做好，我是会很认真地去学习，所以我很愿意去做一些实现自我成长的工作。

第二，我比较愿意去做老师成长背后那个有力的助推者。我会观察我们区里面很多的老师——他们虽然在不同的学校，年龄也不同，但是我会在跟他们交流的过程中，去看他们以后职业发展中可能有什么地方我是可以去助推一下的。比如说，我们团队里面有一个五爱中学的老师，她现在是备课组长。我是怎么发现她的呢？就是因为我们在做高三词汇教学研讨的时候，她希望用完形填空来进行词汇的复习，并讲了一些她的方法和理念。事实上，她当时说的一些想法里面有一些是错误的，我就举了一个例子来说明，但是我知道这样说是不够深入的。后来，正好我接到了练习部分的编写任务，觉得让她加入很合适。我就跟她说："现在有一本练习的编写，里面有完形填空的题型，你上次正好也说到对完形填空感兴趣，想做一些研究，这是一个很好的学习和探究的机会。"我认为没有针对性地讲，或者只是就题论题，可能收获不是很大，但一整套完形填空的命题做下来可能会有更大的收获。她经历了这次实践后，现在对完形填空的命题已经很有把握了。

另外，还有我的编写团队里面的乔健老师，这次我让她做的是听说题。为什么呢？一方面她现在已经是一个比较年轻的教研组长，那么她作为教研组长，本身是需要命题技能和审题技能的；另一方面，她也参加了我们区里面金怡老师的工作室，她在工作室的研究方向就是听说方面的。听说练习，除了教之外，还要评，就是如何去评价学生在听说方面的技能或者素养。我选乔老师加入编写团队，是希望给她锻炼的机会。我愿意为老师们的成长做规划。有机会的时候，我会把他们不同的人放到合适的位置上面去发挥他们的能力，并且很真诚地去跟他们交流，然后帮他们做一些改进，那么在这个过程当中，他们会慢慢地了解各类试题的编写的原则。

第三，我觉得可能是我的教学理念。我认为教学应该是一个学生和老师共同成长的过程。在这个过程当中，我认为不必去执着于教学上一些非常细致的方面，也不用去关注一点点的成绩的起伏。不管是成绩也好，还是我们的课堂教学也好，我会更加注重老师到底可以教授什么东西去应对学生未来的成长。这可能看似跟我们的练习部分编写没有直接的关系，但可能会潜移默化地影响我们编出来的练习的高度或者深度。所以我觉得教学理念也是我能参与并胜任编写工作的优势之一。

访谈者：参编过程中，您与编写组其他成员的互动交流所产生的影响主要体现在哪些方面？

金敏：参编过程中，我和我的团队成员以及潘鸣威老师、束定芳教授、王蓓蕾老师、安琳老师都有互动。

接触最多的应该就是潘鸣威老师。我觉得潘鸣威老师是属于那种做事情思路非常清晰的人，做事效率也非常高，你跟他一起做项目不会出现反复返工。我到现在还清楚地记得，一开始他让我们每一册练习部分都出一个样课，当我们把样课都拿出来之后，就让我们分册主编去开会，他根据我们的样课给我们提建议，这些建议都是非常精准的。比如说，当时他就提到了，题材一定要准，就是注意选取的题材当中不能够涉及什么内容，事实上，在最后把书稿送出去审的时候，这些的确是一个非常重要的审核内容。再比如说，他当时有提到篇幅如何把控的问题。因为我们编写的时候都是找一些原版文章，篇幅很长。但是，必修第一册和第二册其实还是在给学生做初高中的衔接，所以对文本长度和难度的把握很重要。潘鸣威老师就通过一些例子告诉我们可以怎么样去删减文章。再有就是要求我们在命制听力题的时候，听力语篇一定要符合听力理解的特点。对于听力命题，我们找的很多语篇其实是阅读文本改编而来的，语篇的特点肯定是和听力的不一样。潘老师会对这些关键的问题给出非常专业的指导，包括命题形式、后面干扰项的设计，诸如此类。我觉得，一个专业的主编可以保证我们的工作效率和工作成效以及随之带来的对我们教师成长的正面引领。

除了潘鸣威老师，接触比较多的还有安琳老师。我觉得安琳老师很不容易，当时我们做必修第二册的时候，她还在休产假。那时我们建了一个微信群，潘鸣威老师让我把稿子发在群里面，安琳老师会抽空看，因为她在家要照顾刚出生的小孩。但是事实上，安琳老师每一次都是很及时地给出反馈，然后再跟我们沟通，在她身上体现了认真、负责的敬业精神。

王蓓蕾老师其实接触不多，因为她不是分管我们练习部分的。但是有两件印象深刻的事情，一件就是我们一开始在讨论拓展板块应该怎样做的时候，因为我没有搞懂，就一直在提问。我记得当时王老师就跟我说，有问题就尽量提出来，一定要搞清楚了，这样大家做起来效率才会比较高。在好多次会上，我都能感受到王蓓蕾老师细致、耐心的工作态度。还有一次是一天凌晨时分，我突然收到王蓓蕾老师发的一条信息，是一段英文语篇。虽然那次是她发错信息了，但我想，她一定是那天半夜还在跟某一位老师探讨问题。她全情投入工作的态度使人佩服。

主编束定芳教授参加了好几次练习部分的研讨会，在大方向上给予我们指导，提醒我们需要注意的事项，包括我们练习部分的一些试题跟高考试题的对接程度，与学生用书的匹配程度，以及必修、选择性必修等之间的衔接；还有如何能够用这套练习部分，既能实现应对高考的短期目标，又能够实现学生发展的长期目标等等。

我平时和大学老师接触不是特别多，但在这次编写过程中，我们跟大学老师做了很多关于"培养什么样的人"的沟通，这些沟通我觉得也是非常有效的。

访谈者：您参加此次教材编写有哪些收获？最大的收获是什么？为什么？

金敏：我和我的团队成员们都实现了专业上的发展。

这一次，由于参与了完整的教材配套练习部分编写过程，加深了我对教材的内容之间关联度的认识。另外，就是会去思考练习编写者出题时的想法是什么，依据什么编写理念，这些理念是否得到体现，不管是提问也好，还是活动设计也好，我会再去回看这些活动或者练习所针对的文本，让我对这个文本能够有更加深层次的一种理解，理解编写者希望借助这个文本传达给学生什么东西。其次，我自己是编必修第二册的练习部分，那么当中的每一篇文本、每一个活动的设计可以呼应学生用书当中哪一部分的内容，我都非常了解，所以在我们自己区里面用到必修第二册的时候，我就会给老师们讲解学生用书和练习部分当中呼应的部分。

很多老师一进入高中，就急着找外面的一些资料给学生刷题。我让他们耐下心来，先好好地看一下我们的教材配套练习部分，把上面的题目先吃透了，琢磨清楚了，再去看学生还需要什么其他的一些辅助材料，不要舍近求远、舍本逐末。所以我觉得通过我自己去编写练习部分，对于自己本区的教材培训和教师培训都是很有帮助的。

不过，我觉得最大的收获应该是让我了解了整套教材的体系是什么，然后也让我看到了整个体系当中的每一册是如何根据课标和课程目标去编写的，以及编者又是如何通过教材编写帮助我们的老师将新课标规定的内容最终传授给学生，为学生的未来打好基石。我觉得这个可能是我最深的感受。我认为教材的一整套的体系是否好，是否合理，是否真正有效，真的是能够在某种程度上影响我们老师的一些教学上的想法，影响我们学生学习的方式，进而可能会去改变我们老师的职业发展轨迹和学生人生的进程。

访谈者：您是否认同"参与教材编写可以作为教师发展的一种有效方式"这一观点？若是，您认为应该如何推进该方式？为什么？

金敏：我觉得这样的经历对于老师来说是肯定有帮助的。至少目前对我团队这三位老师来说，肯定是一个比较有效的专业发展的方式。我们三位老师，其中两位在这个过程当中评到了高级教师，另一位老师也成为了我们区的一位骨干教师。虽然不是说他们今天所取得的这些成长全部是参与教材编写带来的，但是我觉得教材编写是一个比较大的助推力。但是教材编写的机会只能给小部分老师，因此可能推广面不是很大。

我在这次编写中，通过帮助团队实现自身发展，也有了一些经验。但每位老师的特长不同，能力不同，事实上也不是所有的老师都是全面发展的。所以我想，关键是要找到每位老师最有特长的方面，然后帮助他去挖掘，利用他的特长促进发展。比如说，某位老师特别会命题，那这也可能成为他职业生涯的一个亮点；某位老师特别能上课，这也是他职业生涯的一种特长。我挑选不同的老师完成不同的任务，是因为我经过观察之后，发现他们各自不同的能力和热情所在。

我想，校本教材的编写其实也如此。比如一个学校里面，有些老师特别擅长找素材，因为年纪比较轻，信息搜索能力特别强；有些老师知道如何把素材浓缩成三四百来字、适合高中生阅读的文章；还有些老师能够准确抓住命题要点，或在编干扰项的过程中语言表达比较好。所以从教师培训的角度来说，我觉得跟培养学生是一样的，要找到老师各自最擅长的那个部分，然后给他们提供机会，让他们把特长发展好、发挥好。

访谈者：能否基于本次教材编写经历谈谈您对未来教材编写的建议？

金敏：我觉得上外版《高中英语》做得挺好的，真的挺不容易的，是从无到有全新做出来的。现在整个体系不光有学生用书、教学参考资料、练习部分，还有很多数字平台上的资源。基于我做教师培训的经验，我觉得，因为不是所有老师的素质、悟性都是一样的，所以要特别关注老师如何理解编者的用意，如何去具体实施。即使我们现在已经提供给老师很多的教学辅助资源。比如我们这一册，阅读部分后面有 3 个活动，这 3 个活动指向的是文本的内容。理解文本内容最重要的就是要明白编者为什么会这么设计。有些老师是不明白的，就只是跟着书本走，学生能够答出来就可以了，而且有一个学生答出来，这道题目就过了；如果学生不能答出来，就把这个问题的答案告诉他们。这样的话，本来不会的学生还是不会，因为老师不会追问。我在思考，现在教学参考资料里面呈现了 what（教什么），也呈现了 how（怎么教），但缺少 why（为什么这样教）。如果今后能在教学参考资料里去呈现为什么这么编、为什么建议这么教，就更好了。这是从我做区教研时产生的"研是为了不研"的想法中引申出来的。具体来说，就是我今天研讨了这篇课文，教给老师这种课型，是希望老师以后遇到这一类文章时，知道怎么样去抓重点、设计课堂教学、设计作业，这样才能成长。

所以，在教学参考资料中最好能告诉老师活动的设计意图，帮助老师有的放矢地设计课堂问题，而不是去进行细碎的、没有什么意义的提问。当然，这部分也是我们区教研很重要的一个工作，我们帮着老师去做。我觉得现在教材整个体系都已经做得挺好了，如果可以有一些这方面的内容，告诉老师为什么这样去教，那可能对老师职业发展会更有帮助。

见贤思齐，取法乎上：一名青年教师的参编体悟
——练习部分编者朱思天访谈

作者简介

朱思天，华东师范大学硕士研究生，现为上海市七宝中学英语教师。任教以来，多次开设市、区级公开课，多次参与市、区级英语教学课题研究，担任新课标百科丛书《主题公园》《性格解析》的改编作者。担任上外版《高中英语》练习部分编者。

访谈者：您是通过怎样的契机参与到上外版《高中英语》的编写工作中的？

朱思天：我跟上外版《高中英语》结缘还是蛮久的。最初在2018年，上外版《高中英语》的教材还只形成了雏形，在全市范围内的一些学校里进行了试教试用。当时我在浦东复旦附中分校高一年级任教，成为了第一批教材试用者。我试上了必修第二册的第一单元，用两周半的时间进行教材的单元设计，并在试教的过程中记录学生的反馈。期间，上海外国语大学的潘鸣威教授、安琳老师、浦东新区教研员沈冬梅老师，给了我多次过程性的指导。试教结束之后，我参与了2019年度上外版《高中英语》教材调研项目，这是一个市级研究课题。在最后的成果部分，我提供了自己上课所用素材，如授课PPT、课后反思、教材修订建议，以及一篇一万多字的总结性论文，积累了一些关于新教材使用和研究的经验。

我当时工作的学校里有一位何幼平老师，她也是新教材教学参

考资料的副主编。她是一位非常资深的前辈，在我没有参与教材试教之前，她就已经在做教学参考资料的编写工作了。何幼平老师精力充沛，思维活跃，很喜欢有创新性的教学设计，所以日常工作中，她时常会找包括我在内的年轻老师们一起头脑风暴，让我们对教学参考资料上的活动提出自己的想法，让活动设计更加丰富多元、新鲜有趣。我也尽自己所能贡献所能想到的点子。

到了新教材练习部分的编写阶段，基于我在教材试用调研项目中所做的工作、前期教学参考资料编写过程中提出过一些活动设计的想法，以及我自己的一些教学经历，包括开设过一些市、区级公开课，获得过一些市、区级教学以及命题大赛的奖项，何幼平老师就把我推荐到沈冬梅老师的练习部分的编写团队中，也很荣幸得到沈冬梅老师的认可，后来于 2019 年暑假正式启动了编写工作。

访谈者： 能否请您简述上外版《高中英语》的编写过程？

朱思天：整个编写过程持续时间还蛮久的。在 2019 年暑假期间，沈冬梅老师先把我们这些编者集中起来，开始是在网上建群，后来也有线下研讨，让我们先学习一些指导性的材料，如上外版《高中英语》学生用书、相关教学参考资料、练习部分编写体例指导、《普通高中英语课程标准（2017 年版）》等。学习背景材料之余，沈老师还让我们准备一些素材。我当时负责的是选择性必修第一册涉及到志愿者服务、冒险经历的两个单元，我随即开始着手积累相关的一些视、听、读材料。

2019 年 10 月的一个周末，我们进行了首次线下交流。沈冬梅老师将我们这个团队的所有编者集中起来，要求我们先编写出选择性必修第一册第四单元的雏形。沈冬梅老师是一位很注重创意、创新的老师，在满足编写基本体例的前提下，她鼓励我们去做一些新的尝试，进一步丰富命题类型。就这样，我们大约用了一个月的时间，完成了选择性必修第一册第四单元的初稿。我们的初稿内容非常丰富，命题量也是远大于最后所选用的量，形式上也很新颖。在之后的修改过程中，我们再精挑细选，打磨细节。在第四单元的样课基本确定之后，我们六位编者再两两结合，进行前三个单元的编写。期间，我们进行了多次线下研讨。到了 2020 年的寒假，基本上定好了本册练习部分的雏形，提交送审。

访谈者：上外版《高中英语》的编写过程中有没有什么让您印象深刻的事情？为什么？

朱思天：我们是非常团结友爱的一个团队。我们的"来源"比较丰富。我们这个团队的负责人是沈冬梅老师，她是浦东新区英语学科教研员。我们团队还有六位编者，一位是俞连老师，金山区英语学科教研员；还有徐伟贻老师，是来自上师大附中。其他的几位老师相对比较年轻，有金慧璟老师、宋飞老师、潘程露老师。在正式参与编写的过程中，我已经进入到闵行区的七宝中学工作，所以我们团队来自三个不同的区：浦东、金山和闵行。我们的年龄构成和经验构成也是很多样的，每个老师都有自己的特色。

我们这些本来不曾相识的老师汇聚在一起是一种缘分，我们也很快发现了我们之间最大的共同点：都是"重症强迫症患者"。在整个编写的过程中，我们会非常细致，比如关于语言的优美性和地道性、命题形式的多样性、题目之间联系的逻辑性等等，我们会一直讨论，一直"争执"。甚至是出版社排版的一些格式调整上的工作，我们也会仔细打磨很久，比如文字一定要对齐，表格一定要美观。我们也是一个很友爱的团体，虽然"来源"丰富，见面机会不多，但每次相聚，大家都会不约而同地带上一些零食、有趣的小物件相互分享，所以每次见面印象都很深刻。

其中印象最深刻的是 2020 年 8 月份的封闭式磨稿。其实那次封闭式磨稿前已经经过了很多专家的审稿，我们也多次改稿，不断打磨，因此，我们起初以为只需要最后再完善一下，工作量不会很大。但是后来才发现，"强迫症的重症患者"聚在一起之后，又发现了很多新问题。我们在打磨第四单元的 integrated tasks 的时候，发现了一个有趣的现象：我们作为英语语言测试的命题者，经常会受到英语思维的影响，比如我们在出汉译英短句翻译题时，很有可能写出来的不是非常地道的汉语的句子。第四单元有一个大约 300 字左右的汉译英段落，我们读下来发现中文有很多不自然的受英文表达影响的痕迹在里面。于是我们调动起各自的语文功底，一遍遍地修改。最后，在难以达到我们认为的理想结果时，我们还邀请外援帮忙润色。我们团队里的金山区教研员现场连线了语文教研员帮忙进一步修改，这才终结了我们长时间的纠结。在命题的形式上我们也追求真实。在 integrated tasks 里设计了一个类似于微博发帖的活动，我们在发帖主题的前后加上"#"号，力求形式上与我们真实的网络论坛贴近，甚至发帖人物头像、昵称、发帖内容的格式等等细节我们都考虑到，力求真实。发帖之后，还有一个填写思维导图的活动，用于梳理前两个活动中的重要信息。为了让它更有条理、更加美观，我们也不停地修改它的形式和内容。封闭式改稿的最后一天，沈冬梅老师有一个很重要的国培项目，要去外地。我记得沈冬梅老师在去机场的途中，还在不断地跟我们语音通话。三个多小时之后，一下飞机，她又第一时间加入到我们的讨论中。

在整个修改过程之中，尤其是在第四单元的 integrated tasks 的修改过程中，我们有自嘲，有焦躁，也有苦思冥想之后的豁然开朗，封闭最后一天一直修改到凌晨。其实不光是那天修改到凌晨，8 月份封闭的每一天我们几乎都修改到凌晨，但是在疲惫中又有满满的收获感。这种和志趣相投的朋友，疲惫而快乐地做着自己喜欢的事情的经历，时至今日我还时时想起，回味无穷。

访谈者：您是否认为自己的某些经历或者特长助力了您的教材编写？

朱思天：我们一线教师可能更注重教学，在新课标、新教材的学习和研究方面积累得相对比较少。但是我还算比较幸运，一是刚才有说到，参与了新教材的试用并参与了一个市级课题的研究，对新教材会有一些实践经验的积累。还有，就是我有幸参与了其他两个市级课题，也是我们新教材的市级课题，一个是在浦东新区参加的基于必修第二册第一单元的"高中英语单元视角的语法学习活动设计与实施"，另一个是在闵行区参加的基于必修第二册第四单元的"单元视角下的学生高级思维能力培养实践研究"。这三个课题研究对于我整体把握新教材的文本解读是有很大帮助的。

此外，我也比较幸运地参与到外教社组织的新课标的百科丛书的编写工作，这套丛书也是新教材的一套补充读物，我负责了《性格解析》和《主题公园》两本书的改编。这套分级读物的改编也是基于新课标、匹配新教材的。在此过程中，我也进一步学习了理论知识，并且在命题方面，尤其是新颖的活动设计方面，积累了很多宝贵的经验。

访谈者：为了更好地完成此次编写任务，您有没有学习新的东西或者是做出一些其他的努力呢？

朱思天：刚才其实有提到过一点，我再展开说一下。开始得知有幸参与到编写团队的消息之后，我就进行了《普通高中英语课程标准（2017年版）》的理论知识再学习。就我个人而言，作为一名投身教学工作的一线教师，日常工作中对于理论知识的学习并不是很多。我是因为之前参加过一些比赛，如2019年一个市级的教学设计大赛，才专门认真阅读理论书籍的。

这次接到参加编写的任务之后，我又进行了再学习，以进一步理解新课标的核心思想。此外，还研读了上外版《高中英语》学生用书和教学参考资料。上外版新教材很有特色，指导性很强，我在学习的过程中感触很深。因为学生用书和教学参考资料本身非常注重单元视角，所以我在学习的过程中，也会潜移默化地关注单元教学目标的设置，并且会下意识地思考如何传递新课标等纲领性文件的精神。

在前期的准备过程中，在沈冬梅老师的指导下，我们团队有一个非常开放的准备各种各样视、听、读素材的过程。当时沈老师只告诉我们负责的单元主题，不过多地限制我们的思考。我们准备了大量的原版阅读素材以及与单元主题相关的视听素材，同时也积累了很多常用的英语学习网站，这些都是我们编写前期所做的努力。

访谈者：参编过程中，您与编写组其他成员的互动交流所产生的影响主要体现在哪些方面？

朱思天：从每位老师身上，我都学到很多东西。我想还是分别说一说。

俞连老师是金山区的英语学科教研员，平时负责培训金山区的一线教师，所以在理论学习的把控方面很有见地。徐伟贻老师曾多次参与区里的一二模试题命题，实战经验非常丰富，所以她在命题技巧方面给我们带来了很多启发。

另外三位老师就是金慧璟老师、宋飞老师和潘辰露老师。同样作为青年教师，我们之间的风格可能更加接近一点，我们在创意、创新，还有资料搜集方面，会有一些独特的方法。但有意思的是，我们三位青年教师其实也有一种非常认真、严谨的态度，而俞老师和徐老师的活泼创意也时常能带给我们耳目一新的感觉，所以在她们身上我真的学到很多。

当然，我们的分册主编沈冬梅老师，也就是我们的"团魂"，是非常全面的一位老师。她参与了很多重要项目，比如今年疫情期间的空中课堂，她指导打磨了整个高三年级的空中课堂示范课程。她在技术编辑方面也非常厉害，她对文字编辑软件的使用、思维导图等的应用技术，甚至要比我们这些青年教师更加熟练。在我们磨稿的过程中，她给我们提供了很多技术方面的支持。她是非常资深的一位老师，思维非常活跃，鼓励和启发我们的创作。比如在编写初期，我们在学习练习部分的编制方案、样张和体例的时候，她就告诉我们，我们不能拘泥于此，在满足基本要求的基础之上，我们还可以有些自己个性化的改编，所以我们每一次的活动设计在她引导之下都会力求创新和突破。又比如，在她的带领下，我们会把看图说话和语法的操练题混搭。我刚才提到的第四单元的 integrated tasks 这个例子，我们会用真实社交论坛的形式来呈现学生的不同想法。形式活泼之余，我们同样注重内容。论坛交流之后，我们紧接着会有一个思维导图去梳理前面的文本内容。另外，我们会注重培养学生的开放性思维以及思辨能力，我们所设置的问题有不少是开放性的，我们往往也会给出几个版本的参考答案，从几个不同的角度启发学生。所以在整个编写的过程中，我真的学到了很多，包括在基本成稿之后，我们编者两两搭配，相互不断地交叉审阅，每次都是以全新的视角进行 proofread，整个团队的协作度非常高。所以我觉得这个过程是非常锻炼人的，而且真的是受益颇多。

当然除了分册编写团队之外，我们也会跟练习部分编写组的其他成员打交道。比如，年轻有为的潘鸣威教授在整个编写过程中一直亲切地给予我们各方面的指导和支持。他在命题方向、命题技巧，尤其是对青少年价值引导方面给了我们很多建议。除了渊博的学识以外，我觉得潘鸣威教授给我最深刻的印象还是在为人处事上。每一次封闭培训的过程中，他展现的都是无微不至的、温文尔雅的学者形象。我觉得无论是潘鸣威教授、沈冬梅老师，还是我们团队的俞连老师，都给我相似的感受。这些老师有温度、有情怀、关心后辈，非常令我感动，我也希望能成为这样的人。

访谈者：您参加此次教材编写有哪些收获？最大的收获是什么？为什么？

朱思天：我觉得收获有以下几个方面。

一是理论学习方面。在参与练习部分编写之后，我会比之前更加关注新课标。以往我是从一个备课教师、参赛教师的角度去阅读新课标。现在我需要认真读懂读透，并把课标的精神通过编写的形式再阐述出来，所以需要更加仔细学习、更加关注新课标的价值引导。理论知识方面的积累将帮助我在今后的课堂教学中更加有的放矢地设计活动，在今后的命题中也更加有据可循、有理论的支撑。我相信，今后我对于教材功能和作用的认识肯定会比以往更加深刻，与此同时，我解读教材的能力也得到反拨。

第二就是关于自己的个人语言素养。其实很多老师都知道，在大学毕业之后，一线教师如果不时常充电，语言能力会渐渐退化。很明显在这次新教材的编写过程中，我觉得自己语言素养方面还是有所提升的，尤其是在听力能力和阅读能力方面。在编写前期准备语篇素材的过程中，在音视频材料的搜集过程中以及整合材料编写的过程中，在语言的准确性、优美性、词汇的恰当性方面，我觉得自己都有一些进步。

第三可能是测评素养。作为练习部分编者，我在英语语言测评素养方面有了很大进步。之前我也会了解一些语言测试的理论，但是类似这种产出和实践的机会相对比较少。参与编写之前，我的产出实践主要集中在学校级别试卷的命题上，但试卷命制要求不高，实践机会也比较少。在这次编写过程中，我获得了大量的实践机会，积累了不少命题常用的工具，包括一些常用的软件、网站、外媒、外台。在测试技能方面，比如影片的选择注重多样性、新颖性以及德育的引导价值等方面，我获得了很多一手经验。日常命题因为主要以测试语言能力为目标，可能德育等价值引导方面不是命题者首要考虑的因素。但是这一次紧密对接教材，所以在德育的引导这方面会非常注重。在搜集和整合资源的能力以及设计练习和设计活动的能力方面，我也取得了明显的进步。每个单元中 integrated tasks 的设计跟我们课堂教学设计也有一定的联系，所以我觉得对以后的一些新授课，包括公开课等，会有很多启发和帮助。过去的命题设计中题目的层次感可能没有那么清晰，现在我会刻意地去区分，比如哪些是测试记忆层面的内容，哪些是测试应用和分析层面的内容，哪些是测试评价能力和学生的创新能力的内容，所以我觉得在测试技能方面我确实受益良多。

第四是我觉得个人的解题能力也是有了很大提高。编者身份让我更多地从命题者的角度去思考解题思路，从遣词造句、目标考点的设置等方面往往会得到更加清晰的答案。记得某一次讲解模拟卷，Cloze 里的一道题错误率非常高。我当时就跟学生开了个玩笑，说："这四个选项，我不看文章都能推断出哪个答案的正确率要远远高于其他选项。"学生们饶有兴趣地盯着我看，我便解释道："某选项的使用频率是远远低于其他三个选项的。如果你们作为出题者，在匹配干扰项的时候，能第一时间想到这样一个使用频率非常低的选项吗？"学生们觉得还是挺有道理的。这就是命题者的思考角度。我觉得在解题能力方面，尤其是换位思考从命题者的角度去解题的策略方面，我有了不小进步。

那么第五个收获呢，我觉得是团队协作，例如刚才我也有提到的一些为人处事的方面，得到了很多的经验和感悟。比如说，沈冬梅老师认真、严谨，她在学术研究方面一直热情高涨，散发着蓬勃的生命力，关注创新意识、创新能力，这些都是我要学习的。我们分册团队老师的执着、坚持以及对于学术的"死磕"精神，同样是我要学习的。潘鸣威教授温和大气的做事风格以及无微不至的有温度的学者风度，也是我要学习的。我觉得，编写过程提供给我一个宝贵的见贤思齐的机会，对我这样一个青年教师而言，真的会受用一辈子。

访谈者：您是否认同"参与教材编写可以作为教师发展的一种有效方式"这一观点？若是，您认为应该如何推进该方式？为什么？

朱思天：我觉得参与教材编写对教师发展非常有效。关于有效性前面陆陆续续讲了很多，教材编写真的让我这个一线教师受益颇多，我赞同这是一种有效的方式。但对于这个方式的普适性，我觉得还有待商榷，因为教材编写的机会非常稀缺。我记得在我自己读书的时候，2000 年初期，就已经在使用新世纪教材了。原有教材在使用了近 20 年以后才有了现在这样一次大规模且正式的教材改革，所以可以看出教材的编写机会是非常稀缺的，因此它的普适性可能就会比较低。另外，教材编写工作所涉及的教师人数非常有限，我个人非常幸运能参与到其中，但是还有不少老师更多地是以一种使用者的角色参与到教材改革当中，所以这样一种有效的教师发展途径很难为大多数教师适用。

不过，我们可以尝试把教材编写融入到其他活动中来促进教师发展。例如可以以校级教研活动为抓手，组织一线教师积累英语学习素材，以学校教研组为单位，积累经验、打磨、完善适合自己学校的体系完整的校级英语学习资源库。我相信这些形式对于教师发展也会起到不错的效果。

访谈者：能否基于本次教材编写经历谈谈您对未来教材编写的建议？

朱思天：这次编写活动对我个人而言是受益匪浅的，而且整个过程是非常愉悦的。总体而言，我觉得编写工作安排得非常合理。但是我想既然提到这样一个问题，我也要努力思考、帮忙完善。在后期封闭式修订的过程中，我发现有时册与册之间的编写在前后衔接方面会出现些许问题，比如某些题型在不同册之间间隔出现；还有时出现前后册之间的难度衔接不合理的情况。当然，在我们后期的集体封闭修订的过程中，我们都尽快进行了调整，让整个高中新教材的练习部分成为了一个合理的整体。所以我想，不同分册内部团队紧密联系的同时，是不是也需要安排少量但必要的各册间的联系，或者在编写初期，是不是可以安排全体编者共同出席的关于练习部分的编制方案、体例的学习。如果有这样一次培训，使分册编者们的方向性更加明确，那么我们各册的前后衔接和梯度可能在前期就有更加合理的分布，也可以减少后期的一些调整。

贯彻新课标，打造全国基础外语教材新典范
——上海外语教育出版社副总编辑张宏访谈

作者简介

张宏，博士，编审，全国新闻出版行业领军人才，上海市版权协会会长，上海外语教育出版社副总编辑，上海国际教育与境外教材评价服务中心理事长。主要从事出版传播与出版产业、外语与外语教学、国际沟通与跨文化传播及知识产权等领域的研究。出版专著、散文集及翻译小说、传记等图书二十余种，在 CSSCI 和中文核心类期刊发表论文四十余  篇，主持、策划多个中央文产资金项目和上海市文创项目，担任项目负责人的"爱听外语"有声移动学习系统和 WE 智慧外语教育平台分别于 2019 年和 2020 年入选国家级数字出版精品项目。

访谈者：请问外教社基础教育事业部的定位是怎样的？

张宏：上海外语教育出版社的主体出版和编辑业务工作是在高等教育等领域，就是学术著作、高等教育教材、工具书等的编辑出版。基础教育这个板块从 90 年代开始起步，迄今已有一定规模。外教社参与了上海市的课程改革"一期课改"和"二期课改"工作。"一期课改"期间外教社只是参与了由上外组织的中小学阶段教材的编辑、出版工作按当时的安排放到其他出版社。"二期课改"时外教社参与了全学段教材的组织编写和出版工作，从小学一直到高中，即《英语》（新世纪版）的编写出版工作。尽管外教社的主要业

务重心放在高等教育板块，基础教育板块相对弱一点，但是编辑出版工作一直没有中断。外教社对基础教育板块，也就是现在我们所说的基础教育事业部的定位，实际上就是在高等教育板块之外，从教材、读物、教辅等产品上开拓基础教育领域的编辑出版业务。具体来说，这个定位由原来的适度开展基础外语教材和教辅等出版发展到向基础外语教材、读物、教辅、数字化融合出版以及跟基础外语教学相关的其他方面全方位拓展。主要体现在以下五个方面：

一是在基础外语教材方面，除了英语，目前我们同时还在教材局委托下编制德、法、西三个语种的中学教材。

二是做大外语读物板块。这几年，外教社抓住读物出版的风口，出版了像"黑布林英语分级阅读系列"等大量英语读物，同时也出版了其他几个语种的基础外语读物，取得了良好的成效。

第三是教辅类图书出版，结合基础教育的特点，教辅图书也很受关注。当然还有考辅类，针对中考、高考等外教社也做了一些布局并推出了不少产品。

第四就是数字化融合出版。针对基础外语教育的数字化产品外教社也有一些规划。外教社的 K12 网站随着上外版《高中英语》新教材的出版也一起正式上线。纸质出版物和数字化内容结合在一起，开展基础教育融合出版，包括在线教学、教研教学、教学资源等，这几年外教社也都在一步步布局做起来。

第五是轻学术出版，这几年也已经取得了一点成绩。基础教育这一块，无论是教师发展、课堂教学、新课标解读，还是在线教育等，有很多课堂理论指导和实践结合得更加紧密的内容，它着眼点是实践。比如说现在的混合式教学，很多老师可能都在做，线上线下相结合，但具体这个混合式教学用什么样的教学理论指导，或者有哪些教学方法，有哪些不同的模式，如何进行具体的教学设计，这些都值得研究。有很多规律性的东西在里面，而研究成果又不是那么深奥，不是纯粹的学术研究，但跟实践结合得很紧密，这类出版物我们把它定位为"轻学术出版"，让从事基础教育的老师的教学实践得到有效指导。

外教社基础教育事业部主要的工作就是教材、教辅、读物、数字化融合出版再加上轻学术出版这五大方面。当然，基础教育事业部的工作还包括产品宣传、推广以及参与教师发展培训等。外教社基础教育板块最近几年发展得比较快，从品种到规模再到目前的市场状况，可以说已经成为了上海外语教育出版社主体出版业务的第二支柱。

访谈者：您觉得之前的《英语》（新世纪版）和上外版《高中英语》有何异同？

张宏：我的立足点可能还是出版这个角度，比如教材编制出版的组织等。简略说来，大概有这么几个不同吧：

第一是组织方式不同。一期课改时教材的编制主要由教育行政管理部门组织专家进行，出版社参与的程度不是很深。新世纪教材的编写出版过程中出版社的参与程度就高了很多。从教材编制组织方式上来讲，起主导作用的是教育行政管理部门，出版社的主要工作是负责编辑和出版，其他方面参与得不多。但这一次高中英语教材编制的组织方式就不太一样。这次是三方协作，它的组织是教育行政管理部门承担，这跟全国其他地区的几套教材的编制方式不同，其他地区基本都是出版社主导教材的编制出版。编写任务布置到了高校"立德树人"人文教育基地，基地是新课标教材编写任务的承担方。而由于基地设立在高校里，所以实际上，教材的编制任务是委托给基地所在高校来承担的。与此同时，教材的出版任务又明确落实到了具体的出版社，出版社跟编写组一样成为教材的共同编制主体。教材编制中，政府相关部门主导把关，高校学科资源充分利用，出版社编辑出版积极性调动，这种教材编制的组织方式应该是比较有效的。

第二个不同是教材编写的依据不一样。现在新的《高中英语》教材是根据2017版及2020修订的新课标进行编制的，依据的是全国课标，而一期和二期课改教材是根据上海市的课程标准编写的。这是一个很大的不同。换句话说，这次的高中新教材不是上海地方教材，而是全国教材。新教材的编写原则、编写要求等都是依据新课标的要求，全面反映立德树人的根本任务和发展学生核心素养的指导思想。

　　第三个是编辑出版参与程度不同，就是编写各方的参与程度和以前的一期、二期课改有比较大的差异。至少上海外语教育出版社的编辑的参与程度就要远远高于前面两套教材编写的时候。从这套新的高中英语教材开始阶段，外教社的编辑出版思路就很清楚。在启动之前，外教社对新一轮基础外语教材就已经做了规划和思考。2016 年下半年到 2017 年上半年，我们做了一个"5+1"的新教材整体编写出版方案并提交给了相关部门。什么是"5+1"呢？就是日、俄、德、法、西 5 个小语种加英语，1 就是英语，这个是外教社主动而为的。等到上海高中英语新教材编制启动，外教社马上积极参与了进去，从出版社的角度对教材编写全力提供支持保障工作。基础教育事业部几乎全员参与，在人员安排时就明确一册教材一定至少要有一名编辑跟进，而且编辑一定是全程参与。记得在给编辑开会时我曾说过，"你们的身份是编辑，但是在这个教材编写工作的过程中，你们在参与时要把自己当成是编者之一"。当时还有个要求就是希望等这一套教材编写出版完成，所有参与的编辑都能够成为基础教育教材的编写和编辑方面的专家，要成为一名教材编写编辑方面的专业人士。所以这套教材在编写的每个阶段、每个环节，外教社的编辑人员都全程参与，和教材编者一样，熬夜改稿，参加封闭讨论，还一起去参加调研，一起去听课，找一线老师开会。这两年多下来，有几名编辑很明显已经成为了教材方面的专业人士。出版社的参与程度跟以前相比完全不同。

　　第四个不同是教材编写的出发点和落脚点。出发点不同就是起点不同。这套教材编制前做了大量的调研，也做了大量的比较、分析，国内的、国外的、上海的、其他省市的，加上新课标的要求，这个起点就不一样。最后的落脚点也不一样。原来对于一套外语教材来说，作用就是支撑语言学习，编写重点放在语言知识和语言技能上，最后再设置评价，好像教材的任务就算完成了。现在的落脚点不一样了，是要培养学生的核心素养，把语言知识、语言能力和文化素养、思辨能力、批判性思维等等全部要融合在一起。在这一点上和以前的教材相比差异是比较大的。

还有一个不同就是教材形态不同。现在教材除了有纸质载体，还要有数字化的形态去支撑，和它并行发挥作用。这套教材启动前外教社已经开始规划建设 K12 网站，实际上是把它作为一个教研平台做的。这个教研平台上面有跟教材密切相关的内容，除了必要的电子教案、示范课视频等资源外，还有其他资源，包括阅读、听力等。K12 网站一直在为广大教师和学生提供数字资源。此外，针对高中英语新教材，出版社还提供了供教师教学使用的 TOP 课件。目前，这个 TOP 课件的潜力还远远没有被挖掘出来。我们希望提供基础的数字资源支持，而每位老师可以根据自己教学的风格和需要，结合自己的教学对象，自己不断补充教学素材，最后将 TOP 课件变成自己的个性化教学软件。老师们可以加入自己搜集到的各类教学素材资源，随时可以调用。从这点看，现在教材的形态跟以前有了巨大的差异。

访谈者：编写上外版《高中英语》的契机是怎样的？

张宏：这实际上涉及很多原因，但是对出版社来讲，它也是一个必然。

第一，上海外语教育出版社主要的出版编辑业务重心在高等教育，就是学术出版和高等教育教材上面，但基础教育板块一直也在发展。从参与二期课改到现在新课标教材的编制，外教社一直很关注国家教育政策以及整个基础教育教改的变化。外语教育应该是全学段、全过程的，应该从学前到义务教育、到高中、到高等教育甚至到成人教育、到终身学习，都应该关注和参与，所以外教社一直坚持一点，就是作为一家专业外语出版社，外教社开展基础外语教育板块的编辑出版业务，为我国基础外语教育做出积极的贡献是其责任和义务。

第二个就是原来的积累。外教社从成立伊始就参与了基础教育的出版工作，也积累了一定的经验和市场资源。在外教社的组织架构上，基础教育这个部门一直都存在，产品也一直在做。只不过因为基础教育教材的编制和出版跟其他板块的图书、教材的编辑出版不一样，政策性比较强，所以也需要一定的契机。前些年上海曾提出要求，就是上海的教材要走出去，要走向全国。走向全国的上海教材也有好几套，有数学、物理等。其实外教社的基础外语教材也早就走到全国去了。外教社出版过一套全国外国语学校的教材，全国各地许多外国语学校都在使用。有一套义务教育英语教材（初中学段）也为外省部分地区选用。当然还有其他一些辅助类教材，全国各地都在用。好几年前新世纪教材也有些省市在使用。所以上海一启动新课标教材的编制工作，外教社就很积极地去争取了。

第三，我觉得还有一个契机，就是近年来我国基础外语教育得到长足发展，教育改革不断推进，新高考改革，新课标颁布等等，对所有出版社来讲都是一个参与基础教育板块出版的机遇。外教社作为一家外语专业出版社，参与基础外语教育工作更是义不容辞，而且很多工作都要从教学需求出发，从社会效益出发去做。比如德、法、西三套小语种中学教材，全国范围内学习这些语种的中学生数量非常少，出版后的使用量也很少。但外教社还是积极组织编写，投入也很大，因为这样的基础外语教材如果外语专业出版社不去编写出版，那其他出版机构就更不会去做了。因为我国的基础外语教育需要这类小众教材，所以我们还是积极承担起了这个社会责任。

访谈者：请问本次参与上外版《高中英语》编写工作的人员的构成和分工是怎样的？

张宏：编写组和出版社是这次教材的共同编制主体。编写组承担最关键的工作，主要提供教材的整体设计框架和符合编写要求的内容。而编辑团队按照社里的要求也要对教材所有的编写原则、框架结构、内容设计提出建议，而不仅仅只是简单地提出出版要求。不过就编辑的职业要求而言，他们还有一个重要的责任是要保证教材正式出版时应该达到或者实现教材编写方案所确定的目标，在内容和文字上要达到国家对教材出版的要求。从编辑出版这个角度，编辑要全面参与整个教材的设计编写过程。我知道，在上外版《高中英语》的编写过程中外教社的很多编辑还是很专业的，在语篇选择、练习设计、整体框架和编写方案的设计等方面都直接参与并做了很多具体的编写工作。

如果从单纯的编辑工作出发，编辑除了策划工作以外主要任务就是审稿，确保文本内容文字质量，但实际上教材编辑所做的工作已经远远超过了这些。所以这次，外教社的教材编辑已经把自己当作是一名编者基础上的编辑了。我看得出外教社基教事业部的好几位编辑业务能力提高得很快。当然，出版社最终要从出版的角度保证新教材的品质和内容质量等，这确实是编辑最核心的工作要求之一。当然，后期编辑还要承担起相当部分涉及新教材的教师培训、使用调研、向全国各地进行教材的宣传、推广等工作。

访谈者：上外版《高中英语》的编写过程中有没有什么让您印象深刻的事情？为什么？

张宏：我印象深刻的是在教材编制进行到差不多三分之二，甚至是接近完成的时候，其实编写团队也好、编辑团队也好，他们承受的压力非常大，巨大的工作量、紧迫的时间节点，还有大量的沟通工作等，几乎是到了他们所能承受的极限。所以时不时地他们会来宣泄一下这些压力，但是最后大家还是坚持了下来。具体的例子很多。当时有个常态，就是编辑团队和编者团队经常会工作到半夜，甚至更晚。我感觉有时甚至都到了需要对有的编辑做些心理上的调适了，压力确实很大。教材审查通过后，社里还在考虑，由于编辑的付出已经远远超出了常规图书的编辑工作，如果单纯地根据教材的字数来计算工作量，已无法体现他们所付出的劳动，需要以另外的方式来认可和计算他们的工作成果。教材编制过程中的每次修改、变动、替换甚至推倒重来，里面都有编辑的劳动。教材正式出版后按字数计算也就十几万，近二十万字，但是实际上整个编辑出版过程中他们的工作量是要远远超过这个数量的。外教社的编辑团队确确实实不容易。

在这套新教材编制过程中，编者团队里我很敬佩的是王蓓蕾老师。她太不容易了，承受了巨大的压力，也做出了巨大的成绩。我经常以她为例子跟编辑讲。我们很多编辑也是处于非常紧张的一种状态，最终他们的收获也不错，大家也都很兴奋，做出了新教材这么一个成果。以前人们常说，编辑是为他人做嫁衣，但现在看起来，编辑看每一部书稿，其实对自己来说也是一个学习过程，都会有收获的。这次外教社的编辑团队通过新教材编制的全程参与，最终应该能够得到成长，成为基础外语教材编辑出版的专家型编辑，这个收获来之不易。

对于教材的未来我们很有信心，对这套教材的整体质量也很有信心。现在外教社正在积极地向全国除上海以外的相关省份介绍推广这套教材。对这套教材的信心来自这样几个方面。

首先是以束老师为主编的编者团队付出很多心血，教材的内在质量和学科质量有保证。专家的评审意见也对教材非常肯定，教材特色也很鲜明。

第二，这套教材是依据新课标编制出版并经过教材局审查通过的，它是面向全国的教材。无论长三角地区也好，沿海发达地区也好，内地省市自治区的很多学校也好，这套教材完全可以用得下来。这套教材一定能够为全国各地基础外语教育的发展做出积极的贡献。

第三，上海在基础外语教育领域的很多工作是全国基础外语教育的先行先试，这套教材也是这项工作的体现，上外版《高中英语》也完全可以成为基础外语教材的示范。

第四，外教社将在教师培训、教学资源提供、教材宣传推广、教学调研、教材使用经验总结等方面开展大量的工作。我们希望越来越多的老师能够熟悉和了解这套新教材，越来越多的学生能够学习使用这套新教材。

还有，我觉得对这套新教材还要考虑让它走出去。这套教材是根据我国的新课标编制的，具有鲜明的中国特色。同时教材的编制过程中我们也对标了国际教材编写理念，对国内外很多教材都做过大量的比较分析，教材特色很鲜明，因此如果条件允许，教材著作权方许可的话，这套教材其实也可以走出去，向世界展示中国特色基础外语教材的风采。这项工作还是值得尝试一下的。一套好的教材，成熟的教材将来肯定还会经历不断完善的过程，但是这套教材一定是可以经得起时间考验的，对此从出版者的角度我们对它是有信心的。

访谈者：能否基于本次教材编写经历谈谈您对未来教材编写的建议？

张宏：教材编写涉及的方方面面很多，从出版者的角度看，其中核心的有这么几点：

一是教材的编写原则和教学理念的确定，这应该是决定教材最终定位和特色的东西，非常重要。

二是教材整体框架结构的设计，这对教材的容量、梯度、资源分配、教学布局、与实际教学的匹配度等都密切相关。

三是教材语篇的选择和确定。语篇的思想性、科学性、知识性、趣味性、适切性、长度的合理性、语言的真实地道、体裁题材的多样性等都是教材编写在语篇选择阶段需要解决的；语篇内容要能够对学生和教师都产生粘着性。

四是语言知识、语言技能与思维能力、文化意识等的结合，能够满足教学过程中学生核心素养培养的需要。

五是教学目标的设置与文本、练习活动、评价等能够匹配并能通过一定课时教学有效实现。

六是教材编写中各类资源的整合利用和配置提供，即除了纸质部分提供的内容资源外，还应该有在线数字资源、其他扩展阅读、练习等资源，使得教材立体化，形成完整的教材体系，把学业质量的提升贯穿在教材编写的全过程中，实现教材形态的多样化和立体化；给教师提供的资源要为教学实践提供多种选择，并在对提高教学质量有帮助的基础上增加便利性。

七是教材编制团队的建设。之所以说是编制团队而不是单纯提编写团队，主要是要解决教材创作团队的一体化问题，即打破简单的编写者、编辑者、设计者等功能界线，教材编制人员尽可能要一专多能，从而走出传统的教材编写出版扁平式线性工作流程，实现教材编写的融合性和项目化多元路径，探索出互联网时代教材编制的新模式。

继往开来，砥砺前行

——上海外语教育出版社基础教育事业部主任韩天霖访谈

作者简介

韩天霖，上海外语教育出版社基础教育事业部主任，1997 年上外毕业后留校，在上海外语教育出版社从事编辑工作。二十多年来一直全心从事外语教材、读物等图书的编辑、策划、组织编写和理念推广工作。

访谈者： 请问本次参编上外版《高中英语》的外教社基教部人员的构成和分工是怎样的？

韩天霖： 外教社基础教育事业部是在不断地发展中，到现在，连我在内一共 14 个人，含主任 1 人，13 名编辑。编辑里面有一个是美术编辑，2021 年 1 月刚入职，也是因为在教材编写中发现需要有美术编辑加入团队，以前部门里都是文字编辑。文字编辑都是外语出身，这 12 名编辑分为文字编辑和策划编辑。但这不是一个很固定的概念，文字编辑一般是只做文字工作，策划编辑既做文字工作，又做策划工作。

访谈者： 您之前参与了《英语》（新世纪版）的编写工作，您觉得它和上外版《高中英语》有何异同？

韩天霖： 我在外教社负责中小学教材编写近二十年，实际上经历了几种不同的情况。如果是从宏观视角上说，《英语》（新世纪版）和现在的上外版《高中英语》都是上海市教委来牵头组织的。我们还有很多别的教材，包括以前称作"全国外国语学校教材"，后来称作"义务教育教科书"的这类教材，是由出版社直接负责送教育部审查，跟市教委没有关系。还有中职教材，是供三校生（中职、中专、技校）使用的教材，虽然也是市教委的项目，但是由出版社编完之后直接送教委审查，出版社的主导性更强一些。市教委组织上海的小初高教材编写一共经历了三轮，以前两次称为"一期课改""二期课改"，现在不叫"三期"了，而是纳入国家整体的课程教材改革体系了。一期课改教材是上外编写完之后，中学和小学阶段分别由我社和上海教育出版社出版。二期的《英语》（新世纪版）是大概1998年开始启动的，整个编写和之后的修订贯穿了十几二十年。跟教育部仅负责审查的教材相比，上海市教委对自己组织编写的教材参与程度很深。市教委负责组织、推动编写进度，还提供部分经费。

教育部的模式是各家出版社将自己组织编写的教材送审，送完之后教育部组织审查，谁好谁上。上海市教委组织编写的教材，包括《英语》（新世纪版）和上外版《高中英语》，有一个共同点，就是教委高度参与。教育部审查的教材其实会遇到通不过的情况，全国高中教材最近一轮审查实际上是淘汰了一套，10年前通过了，但这次没通过，但是没关系，因为还有好几套，在这种情况下压力就在出版社和编者这边。上海市教委组织编写的教材，他们始终都提供帮助，给予指导，在质控上严格把关。

这一套教材跟前面一套《英语》（新世纪版）最大的不同来自于课标和编写要求的不同。就课标本身来说，最新的课标比之前版本的课标提出的要求大大提高了，也更加细致了。以前最早的一期课改注重"知识与技能"，后来的二期课改时，国家课标提了五个维度，上海市的课标提了三个维度，但是本质上还是强调"知识与技能"，只是加上了当时流行的任务型教学，还有情感、态度、价值观等，但是这些并没有作为主要要求。这次的课标把核心素养四要素、课程内容六要素放在绝对重要的位置。教材审查很严格，编者一定要对标来做，在上一轮教材审查中对标要求没有这么高。我觉得这次是一轮自上而下的改革。对标要求来自于教育部，教育部还专门成立了教材局，反映了国家对教材的重视。这次的教材审查非常严格，从对标的要求，到版式、插图等很多细节，审查专家看得都很仔细。我觉得这一轮自上而下的改革确实在促使教材提高质量。

另外，从编写者角度来看，编写要求也有了很大的提高。这一轮新课标颁布之后，教育部专门组织了编者的培训和出版社的培训，培训内容丰富详实，但是上一轮高中教材编写时，没有这样的培训。

还有，在这次的教材编写中，我们对自己也提出了更高的要求，比如充分利用数字技术和语料库技术。这在十年前肯定是没有的。当然总体来说，还是自上而下，上面的要求高了，也促使了编者们不断地提高。我们这一轮高中教材是全国诸多高中教材中的一套。《英语》(新世纪版)教材编写时，上海跟全国其他教材是分开的，上海启动得更早，编写要求也好，难度水平也好，跟现在完全不同，现在的教材从各个维度看，要求都是大大提高了。

访谈者：编写上外版《高中英语》的契机是怎样的？

韩天霖：我了解的情况是，原来在全国的课标、课程教学改革之外，上海有单独的一套自主运行的体系，是全国课改单独的试验田。现在经反复沟通协商后，上海按照全国课标编写了全国课标教材，纳入国家的课程教材改革体系。

2018年6月底正式启动了教材编写项目，一直到审定通过，用了两年时间。实际上我们自己启动得更早，早一到两年。上海市教委成立英语教育教学研究基地，布置的任务有三项：课标、教材和教师培训。所以，英语基地比较早地就做了编写准备。

访谈者：上外版《高中英语》编写前大概做了哪些准备工作？

韩天霖：调研准备阶段，英语基地通过各种形式，深入了解了国内外的教材以及国内的实际教学情况等。比如访谈上海市的特级教师并出版了《栉风沐雨　春华秋实——上海市英语特级教师风采录》和《基础外语教育理论与实践丛书·基础英语教学现状》和《目标与途径：上海英语特级教师访谈录》。英语基地和出版社还主办过多次活动，比如新课标解读系列讲座。这些实际上都是编写的准备工作。英语基地还做了很多一线调研工作，其中有很多是进行理念传播，如请国内外的专家来开讲座。我历经了20年教材编写，对国外教材编写情况也比较熟悉，横向纵向对比来说，我们的准备是比较充分的。

访谈者：上外版《高中英语》的编写过程中有没有什么让您印象深刻的事情？为什么？

韩天霖：从整体上来说，多次集中编写的形式令我印象比较深刻，这是在我经历过的几十套教材编写中从来没有的。在上海外语教育出版社，我们不但有中小学教材，还有大学教材；不但有英语教材，还有多语种教材，从来没有投入这么大。这次除了编写团队，教委投入也很大。因为想编出一套好教材的意愿非常强烈，所以多次封闭，集中编写，前前后后好几次。应该说，这也算是个成功经验，这个经验是不是能复制就很难说。从全球教材编写经验来讲，中国的教材编写最大的困难在于什么？就是我们编者无法全身心地投入。我们也了解过，比如在英国，你就跟某一个人谈教材编写工作，他有个团队，三个人，他们就花两年时间全部用于教材编写，不做别的事情。这些人中有些可能是大学老师，也有些可能是独立学者，这两年就是编这套教材，做完了再做别的事情。在中国，我们每次编教材的时候都是找最好的编者，包括各单位的业务骨干，但是这些人一般都有非常多的工作，所以，我们跟国外编写教材相比，编者的投入度往往不足。有客观原因，不是他们不想集中精力，而是会时常被派去做别的事情。通过一些封闭研讨集中精力来编写是这一次教材编写比较大的特点和成功经验。

其次，我觉得这次是一个集体大作战。编写人员从一开始确定，到后期又调整和补充，规模应该说也是比较大的。以前几轮教材编写过程中也有过人员调整，但是都很少，这次我不知道具体的比例是怎么样，应该说调整是非常大的。

第三，编辑的投入度非常高，这个是以前没有的。编辑对教材的参与其实是有两种情况，一种是人民教育出版社以前的做法，就是编辑编教材。这是有历史原因的，因为当年编辑的工作就是编教材。如果缺人没关系，上级部门可以调几个人员过来帮忙。2001年教育部推出义务教育课程标准，启动新课程教材的改革，从以前的一纲一本变为一纲多本，出版社其实碰到很大挑战，因为其他出版社都不可能以人教社的模式来编写，这是不可复制的。我们之前所有的教材，包括大学英语教材，基本都是主编负责制。一般是启动时出版社领导和编者团队一起讨论，然后就以作者编写为主，最后基本成稿后编辑才接手。课程教材改革之后，中小学教材编写时间紧、任务重，出版社一定要扮演更重要的角色。其实相比而言，别的出版社比我们走得更早，在上一轮教材编写时，别的出版社就有编辑在作者团队里署名，并参与了编写工作。这次实际上我们有些编辑做了大量编辑以外的工作，但是没有让编辑在编写团队挂名是出于出版社内部管理的考虑。

总而言之，不管是人教社的模式也好，还是其他出版社的运行机制也好，最后还是出版社的编辑跟作者团队形成相互合作的机制。中小学教材编写是规范和创意相碰撞、分歧和妥协的结果。编辑代表的就是规范，所有的东西都要按照规范来做；作者方面其实需要的是创意。两者之间要有个平衡。像人教社之前全部都是自己的编辑来编写教材，后来也是从全国找了一批优秀的老师一起来增加创意成分。大多数出版社是倒过来，激励编辑深入参与编写，把握规范，创意则来自于编者，来自于一线教学。这也是编者和责编之间的分工区别。

访谈者： 能否谈谈本次教材编写经历对未来教材编写有哪些启发？

韩天霖： 有两个层面的启发。一个是从大的层面上来说，其实这次投入大、要求高，应该是为我们后面编写其他中小学教材树立了标杆，也产生了很大的影响。比如现在我们刚启动了中职新教材的编写，还有下一轮义务教育教材的编写。后面编的教材都会受到这套教材的高标准影响，从内容到形式都会更加精益求精。

第二就是编辑团队得到了锻炼。这些编辑今后做其他教材，能马上把很多经验用上去。无论是和编者的沟通能力，还是文字处理能力，我们的编辑团队都得到了提升。这些都为以后继续编写高质量教材打下良好的基础。

守一份匠心，结奋斗之果
——上海外语教育出版社编辑、教材项目负责人陆轶晖访谈

作者简介

陆轶晖，上海外语教育出版社编辑，从业十余年，参与编辑的《英语（义务教育教科书）》于2013年通过教育部审定，担任多套英语教材的项目负责人，如《朗文国际英语教程（增强版）》《新国标英语核心教程》，策划国内首套自主编写的英语分级读物《新国标英语分级阅读》，参与改编多套畅销读物，如《新理念英语阅读》《黑布林英语阅读》《黑猫英语分级读物》等。担任上外版《高中英语》教材出版项目负责人、责任编辑。

访谈者：请问本次参编上外版《高中英语》的外教社基教部人员的构成和分工是怎样的？

陆轶晖：上海外语教育出版社基教部成立于2008年，成员大多是有十几年工作经验的编辑。韩天霖老师担任部门主任，由基教营销部的主任黄新炎老师兼任副主任。基教营销部负责我社基础教育阶段的图书营销推广。

基教部在人员构成方面主要分三类：策划编辑、营销编辑和文字编辑。策划编辑主要负责稿件的前期策划、组稿等工作，对项目制定一个总体的规划，如稿件的编写方案、结构和作者物色等。如果是自主策划稿件，先要提交总体的构思和详细的策划书，待社

里选题策划会同意后才正式启动稿件的编写。如果是引进书稿，则大多为引进之后改编，策划编辑主要负责撰写改编方案，再联系作者进行改编工作。如果是自由来稿，部门会安排编辑背靠背进行审读，撰写审读报告，判断是否可以采用或者修改后采用，然后社选题策划会再提出最终是否录用意见。营销编辑主要负责我们部门的书稿的宣传和营销，包括市场推广、活动组织、公众号发文等等。我们部门所有人都要做文字编辑的工作，这是最基本的工作。不过有些人可能侧重于营销，有些人侧重于策划。一些大的项目，如教材、读物等，会安排专门的项目负责人。项目负责人在稿件加工阶段，会统一协调整套稿件的编辑进度、体例和统一等问题。

访谈者：您和您的同事在此之前参加过教材编写项目吗？若有，当时是怎样的情况？与此次教材编写有何异同？

陆轶晖：我们这几位编辑基本上见证了二期课改教材，但不是所有人都参与编辑二期课改教材。新世纪教材编写和修订时间跨度很大，将近二三十年，应该是 2001 年开始编写，到 2005 年才全部推出，之后又在不断修改和完善。说实话，之前和现在的编校工作是完全不一样的。二期课改教材是一册一册地推出，首先把框架先搭好，然后提交市教委专家审核，审核通过后再分册编写，分学期推出，完全可以由一位编辑从头做到尾。

当然，两套教材在编写流程上还是有相似之处的。当时也是由上外组织编写，戴炜栋校长、何兆熊教授和张慧芬教授负责，同时邀请特级教师和一线优秀老师参加。相对而言，新世纪教材编写组的人员结构比较紧凑，没有上外版《高中英语》这么庞大，基本上都是核心成员。编二期课改教材时，编辑的参与度会低一些，而上外版《高中英语》的编辑从前期教材框架确定和文章选取时就开始全程参与。那个时候何兆熊老师和张慧芬老师等成立专门的讨论小组，几个核心编者确定框架，基本上是编写组定稿后交给出版社，编辑就像接力赛的最后一棒，拿到接力棒后主要负责冲刺阶段的编辑工作。相对而言，上外版《高中英语》的编写流程很复杂，编辑全程同编写组并肩作战。

访谈者：出版社的责任分工是怎样的？您在本次教材编写中承担的工作主要有哪些？

陆轶晖：出版社作为教材出版单位，全程参与并配合编写组，保证编写工作顺利进行。首先是社领导非常重视，从编写之初，孙玉社长、张宏副总编就把《高中英语》教材的编制工作作为出版社最重要的工作之一，也请相关部门支持，一路开绿灯。部门负责人随时跟踪项目进展情况，经常询问进度和遇到的问题。项目负责人和编辑并肩作战，在编制过程中遇到问题都会一起商量决定，做到一套书前后一致。这次教材编制最大的压力是要求高、时间紧、任务重，所以大家互相鼓励，互相帮助，发挥集体解决问题的能力，不管是基教部内部成员之间，还是跟编写组成员之间，一直保持密切、有效的沟通。

对我而言，承担的工作可以说是既专业又琐碎。作为第一册书的责编，文字编辑的工作就不多说，前面已经提到了，还有一个重要的任务是文字稿确定后如何将文字和活动用最适合、最美观的方式呈现出来，这个过程当中需要很多人的配合，包括美编、出版科和排版公司。虽然教材设计时会有样课，但其实每页内容都需要单独设计，特别是一些活动，需要多次跟美编戴玉倩老师沟通。让她了解活动的意图，她才能根据内容提供最合适的设计。

另外，这套教材编写过程中还需要频繁地和市教委沟通，及时了解政策导向和工作要求。我记得去年一年到市教委教研室就多达三四十次，包括参加各种各样的编制工作会议和提交材料等，这些事情既繁琐又重要。当然编辑跟编写组的会议，那就更多了，除了每周例会外，还有各种专题会议、分册会议、封闭研讨会等，编制过程中大大小小的会议记录数不胜数。每次，我们都是带着问题去开会，会议上解决了大部分的问题，所以说，每次交流碰撞的过程是提升教材最有效的途径。

访谈者：能否请您简述上外版《高中英语》的编写过程？

陆轶晖：编写过程主要分为前期准备、编写阶段、打磨优化阶段、教材审核落地阶段和教材使用阶段等，有些阶段是穿插进行的。

　　前期准备时最主要是组织编辑内部学习，研究新老课标的异同，解读这些异同对英语教材编写以及实际英语教学带来的影响；研究各国课标；调研已有的教材市场。这套教材是根据新课标来编写的，但是新课标推出的时候，大家都不了解到底"新"在哪里。英语教育教学基地请了五位专家，包括梅德明老师、王蔷老师、王守仁老师、程晓堂老师和汤青老师，来给我们解读新课标。前面四位专家都参与了新课标的编制过程，他们在总体方向上给予了指导；汤青老师在解读课标落地方面提出了前瞻性的观点，比如在上海我们要如何来实施新课标，我们要做哪些改变，应该怎么做。以上这些都是前期的准备过程。

　　正式开启编写应该是从市教委于 2018 年 7 月在崇明组织了一次新教材编写会议开始，明确新编教材，不是修订教材，时间节点也基本确定。随后编写组和编辑团队就在崇明进行封闭编写会议。从那时开始七册教材编辑都是全程参与，从确定选文、搭建框架，到样课编写等都是全程一起讨论。仅审读选文，前后大概有十几批，编辑一篇篇看，然后用表格的形式填写该选文录用与否的意见、存在什么问题、难度是否适中、需要进行怎样的调整等等。教材编制是分单元同时推进，每册有分册负责人，每单元有单元负责人。不定期地会根据需要组织单元内小组讨论、各册讨论和集体讨论。编辑参加每次的小组讨论，发表自己的意见，和编写者商量沟通。例如我责编的那一册第二单元的语法题目设计，改过很多稿，但一直不满意。后来我查了各种资料，发现用漫画的形式让学生根据图片用各种句式来编故事更能学以致用。类似这样的修改在编写过程中举不胜举。

　　初稿确定后，进入打磨阶段。我记得必修样课做了 20 稿，必选样课做了 7 稿，整个教材前后经过 20 多轮大修改，其实每一轮修改，编辑都要重新审读整个稿件。每一轮修改都会根据专家反馈、教师反馈甚至是收集到的学生反馈来调整设计，永远处在自我否定、修改、再否定、再修改的状态中，但这也是教材不断优化的必经过程。

　　在打磨阶段，2019 年上半年 3–6 月还进行了一轮全市范围内的试教试用。在全市各区 28 所不同层次的高中开展调研、研讨、问卷调查、座谈、课堂观摩等，收集各种修改意见，并在同年暑假进行新一轮修改。2019 年 12 月，教育部的初审已经通过，需要提交适宜性报告，教材又进行了一轮试教试用，再次根据试用报告进行教材调整。于 2020 年 2 月提交教育部最后复核，同年 6 月最终整套教材通过教育部审核。

虽然教材已经出版，但这并不是终点，而是另一个起点。在教材使用阶段，我们配合市教委教研室进行骨干教师培训、全市教师培训等，保证新教材能够顺利被老师接受并高质量地使用，同时外教社举办首届"外教社杯"高中英语新教材微课展评教学设计活动，鼓励老师积极思考，总结并提炼教学实践成果。平时还提供教材调研跟踪服务，维护全市高中英语教师群，在群里及时解决老师们提出的各种问题。

访谈者：上外版《高中英语》的编写过程中有没有什么让您印象深刻的事情？为什么？

陆轶晖：首先让我印象深刻的是我们有一支优秀、专业、勇于奉献的团队，关键时刻大家都能全力以赴。无论是日常工作，还是紧急任务，大家都兢兢业业。

另外，令我印象深刻的是 2018 年暑假的第二次崇明封闭会议，在会上要讨论确定样课，然后送审。编写组和编辑们连轴讨论，敲定内容，但留给排版和审读的时间很有限，因为第二天一早就要提交。美编老师下午才拿到最终的文字稿，跟编辑一直加班到凌晨 3 点才完成定稿。次日早晨，编写组在看定稿时，还是觉得个别地方需要再优化，早上 8 点叫醒美编，再做最后的优化调整。最终，样课在教委组织的研讨会上受到专家一致好评。当然，类似这样的加班对于编写组和编辑在编写阶段也是家常便饭。

还有令我印象深刻的是编写组长期以来毫不松懈的工作风格：常年无休，没有假期或周末。就拿副主编王蓓蕾老师来说，她把所有的时间都投入到工作中。记得去年年底我自己在写年终小结时，因为要查找某个文件，翻了一下我跟王蓓蕾老师的聊天记录，我发现我俩的聊天记录其实就是最全的备忘录，记录了我们每天都干了些什么事情、讨论了哪些问题、发了哪些文件，几乎每天都有好几条信息往来，有许多都是周末、假期或者深夜发送的。

最后，主编束老师在处理各方意见时表现出的虚心态度也对我触动很大。教材编写的过程中，无论是教育部专家意见、上海市教委专家的意见，还是我们聘请的国内外专家、特级教师甚至学生的意见，束老师都是非常客观地先去想想是不是我们做得不够好，是否还有提升的空间。这种广泛征求意见、客观讨论意见的态度贯穿在我们教材编制整个过程中，也正是因为凝聚了无数专家的智慧，让我们的教材能够稳步提升。

访谈者：您参加此次教材编写有哪些收获？最大的收获是什么？为什么？

陆轶晖：以往的教材编辑更多专注在编辑、编校这个领域，前期调研和后期推广的参与度并不高，而如今教材编制像一个全程马拉松。教材出版以后，可能它的生命才真正开始。教材使用维护、教材追踪服务、教辅资源开发等都需要长期投入，让教材不仅仅只是几册书，而是一整套学习方案和一整套备课方案。这样才能让老师用得放心，学生学得踏实，才能完成教材真正的使命。

总而言之，通过深度参与教材编制和使用全过程，我感觉到编辑的职责已经从"为他人做嫁衣"转变为教材编制的研究者、教材编写的参与者、教材推广者和教材使用的维护者，这也是新时期对教材编辑提出的更高要求。在这个过程中我们体会到什么叫"闻过则喜"，什么叫"精益求精"，什么叫"办法总比困难多"，也让我们七位责编感受到，成长不分年纪，在入行这么多年后还能再次挑战自己的极限。

访谈者：能否基于本次教材编写经历谈谈您对未来教材编写的建议？

陆轶晖：我们在这套教材编写过程当中，非常辛苦，也积累了很多宝贵经验。再次回顾和反思，我觉得有些方面是可以更高效的。例如，我们在编制过程中设计了一个自我核查表，如果这个核查表能够做得更加详细些，同时保留更多的核查意见，那么，对今后去复盘前期问题会起到很好的作用。因为在复核后期收到的反馈意见时，我们发现某些意见在自查过程中已经被发现，但在落实修改时没有进行确认，导致遗漏。如果我们能够在核查表中列出时间节点、存在的问题、如何解决、如何分工等，那么我们会避免遗漏问题，进一步提高工作效率。